BuddhAll

All is Buddha.

BuddhAll.

BuddhAll

# 自我的幻滅與重生

One's practice notes

一個人的修行筆記 02

邵家康

著

謹以此　供養

諸佛菩薩　歷代祖師大德

授法恩師洪啓嵩禪師

法界一切眾生


邵家康合十

# 目錄

筆者與授法恩師洪啟嵩禪師（左）合影於禪堂 ／吳霈娟攝

# 真實的生命之路

生命應當如是清明的觀照、如是的無我、如是的真實。

我很高興家康仁者，沒有虛度此生，三十七年過去了，我對他依然宛如初會時的柔和而嚴厲。在現前因緣中，對他的期望，還是三十七年如一日：開悟解脫圓滿，究竟成就於無上菩提。

二十年前家康的第一部著作《禪師的手段》出版，那時他隨學於我，記錄了生命中的修行經驗。如今二十年又過去了，在這一本《自我的幻滅與重生》中，他看得更深、體得更廣、講得更細，更重要的是他在本書的第二部中，談到了長輩的守護與往生問題，更是有極深的價值。

在佛陀的教誨中，讓父母安老往生，只是為人子的基本，更重要的是讓父母開悟解脫成就。佛陀如是的圓滿，我們亦當如是，這也是我在教法中，不斷提撕的重點。而家康仁隸將他的長照經驗，筆之於世，真是福澤蒼生。

看著家康的書，不禁思惟：我在生命的現場中，一向覺明而如幻，那麼如實而明晰的生命，當然也就是過去心了不可得，而難得去追憶了。或許將來理解我一生的如幻行旅，家康的

著作，也許是重要的資料吧！

家康是一個老實頭，科技人的背景，總是那麼的次第明晰。因此，當要破碎虛空時，他總能將前面的虛空粉碎了，卻留下槌子與破碎者，將這些如幻因緣，清楚的遺留在案發現場。但是，他那堅持卻令人感動，這無疑的是他必然成就無上菩提的因緣契機吧！我總是看到有一個人，三十多年來如一日，默默而毫不間斷地整理記錄我的話語、講稿，並且心中充滿感恩地發心出版，這一本《自我的幻滅與重生》，可以說是如此清楚的寫照。也因此，我改變了過往的態度，就毫不謙退地寫下此序，繼續當好我老師的角色，導引他圓滿開悟直至成就無上菩提。

# 前言

二〇〇二年，我的第一本修行紀錄《禪師的手段》面世，當我拿起書翻閱著那一篇篇紀錄時，過往的修行情境歷歷浮現，既親切、又真實，我清楚看到：「半生歲月竟然如同過眼雲煙般虛幻，一切恩怨情仇、悲歡苦樂，猶如空花般謝卻，唯一真實與我同在的，只有那些修行的經歷。」於是慶幸之心油然生起：「這一路走來，生命畢竟沒有虛度。」洪啟嵩禪師的法語：「生命是真實的遊戲，修行是遊戲的真實。」在此就成了最、最、最貼切的註腳。

當初《禪師的手段》付梓之前，心中其實有些疑慮：「這樣一個屬於個人的學習紀錄，究竟能提供讀者多少用處？」

隨著書冊流通，各方的反饋陸續回流，心中疑慮逐漸消散。

原來這些讓我深深受用的佛法，同樣能給予其他因緣際會者最適切的幫助。原來個人修行路上跌跌撞撞前行的經驗，還是可以作為後來者攻錯的參考。

至此，我恍然明白自己有多幸運——若非二十六歲青壯之年意外遭遇嚴重車禍，重創了身體、中挫了職涯規劃，我不會年紀輕輕就去追尋生命解脫之道。如果原定出國唸書的計畫順利進行，我不會有機會那麼早從洪啟嵩禪師學習這殊勝究

竟的佛法、並受用佛法的偌大好處：「比較清楚明白生命的真相、比較寬坦自得地面對生活與生命」。

因為這份「清楚明白」與「寬坦自得」並非世間財富、地位、聲名所能換得，所以格外珍貴。面對這一份因禍而得之福，心中感恩之情更深了；感恩佛法的引領以及洪老師的指導，令我遠離仇惱恨怨，日趨智慧、寧靜與自在。

《禪師的手段》出版迄今已然廿年，囿於個人資質魯鈍迄未修行成就，但洪老師仍然屢次督促並開示以行者的責任 ——

縱然道行淺薄、縱然修行尚未成就，只要修習諸佛菩薩的法門有所相應，行者就有責任將其記錄、宣揚並分享修法大眾：「依法修學諸佛菩薩法門，確實會相應、確實有效驗！」將修法經驗分享大眾，乃是行者對於諸佛菩薩、歷代祖師大德的最好供養！

鑑於身受法恩深重、弘法之責無由旁貸，爰此不憚淺陋再次篩選六十篇紀錄，結集成本書第一部「自我的幻滅與重生」，這些文字除了記錄個人覺受與心得，或記錄禪師開示、師生問答，或引禪師說法內容，行文也以信達為優先，唯一目標就是清楚記錄個人生命日趨覺醒的足跡與因緣，謹以供養同

修大眾，敬請先進大德不吝指正。

伴隨著自己的成長，身邊的長輩們也逐漸衰老、凋零，如何妥善陪伴守護長輩們的老後歲月，成了我重要的生活內容。諸如：引導長輩進入佛法大海，陪伴守護長輩走過病痛、面對生死，乃至守護長輩往生，這些都是我重要的人生功課。期間很幸運地得到洪老師的指導，得以依循佛法正見來從事各項照護事宜、恰當地圓滿了這些事情。當前台灣社會日趨超高齡化，妥善陪伴守護長輩的老後，已然成為當今社會大眾必須面對的現實。爰此篩選十二篇紀錄，結集成本書第二部「與佛同行—陪伴守護長輩的老後與往生」，謹以供養有緣大眾參考。

當此付梓之際，首先感恩諸佛菩薩加持、歷代祖師大德法恩以及授法恩師洪啟嵩禪師三十七年來長期的指導，使我生命得以日趨覺醒。同時也要感謝每一位願意展頁、分享我這一期生命學習成長經驗的讀者，且讓我們共同邁向慈悲快樂、智慧健康、究竟圓滿的菩提大道。當然還要感謝婉甄、育甄、慕嫻、詠沛等編輯之功，提昇了文字順暢度與視覺效果。

邵家康合十

二〇二二年八月十八日

# 第 一 部 Chapter One

# 自我的
# 幻滅與重生

「幻滅」非滅;

「自我的幻滅」既不是「我死了」、

　也不是「我被消滅了」,

「自我的幻滅」只是「虛幻的自我」沒有現起。

# 不知最親切

參加洪啟嵩老師主持的新春禪三，期間禪師以講解永嘉玄覺〈奢摩他頌〉為大眾開示修行心要。

歷年來幾度聽聞禪師講述〈奢摩他頌〉，然而這次的領會又深了一層；當禪師說到「亦不知知寂，亦不自知知，不可為無知，自性了然故」時，我欣然發現自己更清楚話中的意旨了。所謂「不知」，意謂「不起念去知道」，但是這種「不知」、又不同於一般人所以為的「無知」，因為「自性了然」；正如同我們不須「起意去聽」，自然「聽聞到聲音」、「聽聞到沒有聲音」，因為「聞性不滅」；這兩者道理是一樣的。

實修的時候，我就學著「不起念去知道」，任令心頭自然清明。

經行中，禪師前來探問：「下雨了，一共下了多少滴？」

我心中迅速檢視了一遍，而後老老實實地回答一句：「不知道。」

聞言，禪師走開了，口中還一邊唱著：「不知最親切。」

禪師的話反而讓我糊塗了，為何「不知最親切」？實在不明白！

次日，等候小參時、閒坐椅上，抬起眼正對著走道盡頭窗外

的庭院，滿園的綠意直映入眼；我「不起念去看」，庭樹上懸垂的枯枝卻清清楚楚的映現我眼前，而且枯枝的位置好像憑空向我靠近了一半的距離，我甚至還感覺到「枯枝跟我很親切」——這是相當奇特的覺受。於是，小參時就將這情形稟陳禪師。

禪師聽罷、笑著說道：「不知最親切。」
聞言，我恍然明白：「不知最親切者，原來如是！」

2003.02.05 記

# 不空、真實

參加洪啟嵩老師主持的光明燈點燈法會。

洪老師教導大眾持誦〈光明真言〉——

ॐ अमोघ वैरोचन महामुद्र

唵　阿謨伽　尾盧左曩　摩訶母捺囉

oṃ amogha vairocana mahāmudra

मणि पद्म ज्वल प्रवर्तय हूं

麼抳　鉢頭麼　入嚩攞　鉢囉韈哆野　吽

maṇi padma jvala pravarttaya hūṃ

真言的譯意是：「歸命　不空　大日遍照　大印　寶珠　蓮華　光明 發生　轉金剛不壞」，詳釋為：「由彼大日如來之不空真實大 印，衍生寶珠、蓮華、光明等功德，以如來大威神力，照破 無明煩惱，轉地獄之苦，令生於淨土。」

唸著、唸著，對於真言當中「不空」一句有了新的領會。

「由彼大日如來之不空真實大印，衍生寶珠、蓮華、光明等功 德」——是了，「不空」者，不能執著「空」！《心經》所 謂「空即是色」，「空」者、可是最真實不過的啊！因此「由

彼不空真實大印，衍生諸多功德」！

點「光明燈」祈請諸佛菩薩加持，只要與諸佛菩薩本願相應，諸佛菩薩自當本於大悲心，施行濟度，幫助一切眾生。然而因果不爽，諸佛菩薩加持，實則也是預支了自己的福報，將來還是得要還的，只不過諸佛菩薩如法加持，支付的利息比較小。相對於此，世人有養小鬼者，其副作用利息就高得可怕了。

2003.02.10 記

# 身如楊柳

一九九一年參加洪啟嵩禪師主持的禪二。

一日，禪師在堂上高聲唱道：「心如大海、反應外界一切而已！」

聞言，我試著照作，內心頓然進入「感覺很定、卻又了了分明」的狀況。

接著，禪師又高聲唱道：「但是身如楊柳般柔軟。」

聞言，我又試圖照作，卻不得其門而入；身體如何才能像楊柳一般柔軟？實在難以理解，於是這團疑惑就此糾結在心底。

事過十二年、終於有了轉機。

今年職務調動到新的部門，因為人手不足加上工期緊迫，因此十分忙碌。為了達成任務，甚至還得經常義務加班。這樣辛勤工作了一年多，職位升遷評選時卻落選了，只因平時在公事上得罪了幾位評選委員，所以就被封殺了。雖然這結果不算太意外，不免還是有些失望，但真正令我忿忿不平的，還是在於升遷無份，工作量卻不見減少。

聽了我的抱怨，禪師慈悲開示：「修行人要心如明鏡、身如楊柳，隨緣安適。升遷無緣就算了，倒是長官既然處事不公，爾後作事盡本分就夠了，犯不著為了完成超額工作，而透支

自己的身心健康。」

聽了禪師開示，我終於明白「心如明鏡、身如楊柳」的意涵了——原來「心如明鏡般清楚鑒照一切」，但是又要「像楊柳般隨順因緣，無論順境、逆境都能安適自在」。

這時再回頭看看《六祖壇經》就更清楚明白了——

「於一切法，不取不捨，即是見性成佛道」、「若見一切法、心不染著，是爲無念。用即遍一切處，亦不著一切處。但淨本心，使六識出六門、於六塵中無染無雜，來去自由、通用無滯，即是般若三昧自在解脫，名無念行。」

對一切事物都「不執取、不斷捨」；處於世間的色聲香味觸法六塵中，既不染著、也不雜心，就能像楊柳般柔軟、隨緣順應一切！思惟至此，心中不禁暗自慚愧：「要學的功課還真不少哪！」

2003.02.12 記

# 放下多餘的擔憂

面對居住生活環境的日趨敗壞，心中生起了深沉的不安，登時興起遷居的念頭。可是等到真正要付諸實踐的時候，卻面臨了諸多主觀及客觀的障礙。仔細分析起來，其中某些障礙幾乎是無解的。想來想去，似乎應該放棄遷居的計畫，然而心中那股深沉的恐懼不安卻驅使著我、不甘就此放棄，猶自掙扎著想找出一絲可能。就這樣，我困在猶豫、苦惱當中，無法決斷如何是好？最後只好無奈地請教禪師了。

聽完我的陳述，禪師當場給了一記棒喝：

你的遷居計畫其實根本就不可行，道理很清楚，因為你所提到的幾個重大障礙，是必須要付出沉重代價的，然而實務上，那代價又不是你所能負擔的。所以唯一明智的決定，就是放棄計畫。

雖然你已經看到了這些障礙，但是為什麼看不透澈？因為你心中有所恐懼！由於你心中對於居住生活環境的恐懼不安，讓你亟思抓住一個能讓你心安的出路，這讓你無法透澈地看清事情，無法做出恰當的決斷。

《心經》說得很清楚：『菩提薩埵依般若波羅蜜多故，心無

罣礙，無罣礙故，無有恐怖，遠離顛倒夢想，究竟涅槃。』
——要心無罣礙，才能讓我們生起真正的智慧。

擔心與憂慮是要讓我們避開危險用的。如果擔心、憂慮無助
於解除危險，那麼我們就應該放下擔憂；因為，我們所擔憂
的危險如果是無法逃避的，那麼繼續擔憂只是徒然增加身心
的負擔、造成身心更大的傷害而已。

我們身體分泌腎上腺素，是要讓我們緊急應變、逃命用的。
如果事實上無法逃脫威脅與危險時，我們真正應該要作的事
情，就是『停下腳步、轉過身來，坦然面對威脅與危險』。
因為繼續盲目的逃竄，只是徒然將脆弱的後背、暴露給威脅
與危險。坦然放手一搏，說不定還能搏得一線生機呢！當然，
搏鬥的結果也可能是失敗，萬一因緣如此，我們就坦然接受。

可惜一般人往往不是這樣看事情的，所以平添了許多的煩惱
與痛苦。譬如颱風要來了，許多人就開始煩惱、害怕遭遇災
害，但是真正應該要作的防範工作，他們卻不去準備，就光
是在那兒擔心害怕而已——這樣的思惟方式，佛法稱之為『顛
倒夢想』。

颱風來襲當然可能帶來災害，所以必須要預先做好防範措施，
然後心平氣和地等待颱風來襲。颱風當然可能危及我們的身
家性命，但是心中毋須驚惶恐懼。因為防範措施都已經做了，
成災與否並不是我們所能操控，就算真的成災，任何事先的
驚惶恐懼也都無濟於事，只是徒然自苦罷了，所以何須驚惶

恐懼？


聽了禪師的開示，頓時明白自己的錯處。

遷居計畫的因緣條件既然不足，自以放棄為宜。至於生活環境的日趨敗壞，嗣後另想辦法應對也就是了。萬一沒有辦法，到時候就如實接納吧！現在多所憂懼，並無助益，只是徒然自苦，所以應該放下多餘的擔憂。

思惟至此，胸中塊壘頓然消散，胸口隨之開朗、虛豁。繼而心中生起了一陣慚愧——「因緣」、「無生」，乃是聽聞多年的道理，因為已經相當熟悉，所以還能隨緣說三道四一番。如今真正遇到境界，卻依然困在其中、無力自拔，所以慚愧！但是有緣蒙受明眼禪師的棒喝與點化，得以迷途知返，實在也是幸運至極的福報，所以心中又充滿了感恩！

這次對於「無生」的體會，十分深刻而且親切，雖然還是屬於解悟的層次，卻引發了相當有力的作用，整個心都為之清朗、安定，還延續了好幾天。不像過去經常只是腦袋知道「無生」的道理，在實務上卻起不了甚麼太大作用。這實在是一個相當特別的體驗，於是很高興地稟陳禪師。


禪師開示
深刻的知見會產生深刻的覺受；深刻的覺受是會產生力量的。

## 後記

才清淨了幾天，又為了一樁公事困擾不已。由於主管的決策並不恰當，倘若遵照執行，必將導致不利的後果，可是面對執拗的主管，又不易說理溝通，如何恰當應對，就成了頭疼的難題。左思右想，最後終於想起禪師開示的「心無罣礙」。於是，試著將心中罣礙放下，讓心思沉澱、歸零。腦袋漸漸清明了、心中自然浮現善巧的方便，問題終得解決。這是很值得高興的一個經驗。

2003.04.29 記

# 修行要欲實反虛

參加洪啟嵩老師講授「銀河大手印」課程，課堂上談到「觀想光明」的要訣。

觀想「光明」的要訣有三：「如日般亮、透明遍照、如虹無實」，這段話乃是所有「生起次第」最清楚的比喻。

第一種光明，亦即一般世間光明，明暗相對、有明一定有暗，這是「染」。

第二種光明，透明、沒有執著、沒有染著，但不具力，因為仍有習氣在，這是「慢」。（龍樹菩薩《大智度論》解說「我」者，一般世間語言以為有「我」、是為「染」。佛經中之「如是我聞」、無我，「我」只是「指涉」、並沒有「我」的執著，是為「慢」。阿羅漢「無我」，為什麼不能具力成就呢？因為阿羅漢仍有「習氣」，住於涅槃而不能從涅槃出，所以阿羅漢不具力，不像「首楞嚴三昧」具有自在威力，可以入涅槃、也能從涅槃自在現起。）

第三種光明，透明而有力，所以叫作「遍照」——每一點相透、相映相照，這才是法界具力、這才是如來、這才叫「大日如來、遍照光明」。所以「遍照光明」就是：「如千百日

般亮、透明遍照、如彩虹般無實」。

課後就試著用「如日般亮、透明遍照、如虹無實」三個要訣觀修「拙火瑜伽」。

「拙火瑜伽」並非初學，在過去斷續修習過程中，也曾經有過不錯的覺受。有次感冒，就試著在三溫暖的蒸汽室中修拙火瑜伽、來消除體內寒氣；當時我觀想海底輪的拙火如太陽般明亮；觀著觀著，拙火的光亮大熾，剎那之間，全身上下通體光明無比，身心也感覺到非常舒服。於是，身外蒸汽燻蒸、體內通身拙火光明照耀，這樣修了約二十分鐘之後，體內寒氣居然消失得無影無蹤。

有了那次不錯的體驗，嗣後就三不五時的修習拙火瑜伽，經常也能修到通身拙火光明照耀、身心為之舒暢。然而這次聽了洪老師的解說，我憬然醒悟：「過去修息拙火瑜伽一向著重在『如日般明亮』，卻忽略了『透明』及『如虹無實』。」

於是，再次修習拙火瑜伽的時候，我就試著將「透明」及「如虹無實」帶進觀想當中。觀著觀著，我終於觀成了——海底輪的拙火明亮、透明而且如同彩虹一般無有實體；不再像過去那樣，把拙火觀成一個明亮但是相當「實在」的太陽。

修習結束，我將海底輪的拙火放掉，剎那間，身體裡面突然現起無數燦亮的小光點，全身上下到處都是光點，那情境像極了「清朗無雲的夜空、懸掛著許多明亮的星星」，只是身

內這些光點的亮度，更百十倍於夜空的明星，真是妙不可言。

將拙火觀得如彩虹般虛幻無實，所現起的境界反而更勝於前，真是不可思議，我不禁為之驚喜不已。


## 禪師開示

佛法修行的訣要是：「欲實反虛；要空、要虛，才能成就。」

一般人觀想拙火都「觀得很實在」，但是「觀得實在了」，其實是「用力」。現在你觀想拙火「如彩虹般無實」，反而有更好的境界現起，這個經驗充分說明了「欲實反虛」的道理。

這個現象也顯示你心中的執著越來越少，因為心中越鬆，所現起的光明越燦亮。隨著你心中的執著越來越少，最後法界會全體現起，正如《華嚴經》所說「若起不起，不起即是性起」。

至於那充滿全身、一點一點燦亮的光點，可以算是「明點」，將來往生火化以後會燒出舍利子。

2004.09.08 記

第一部 / 自我的幻滅與重生

# 最微妙、最祕要的超渡口訣

參加洪啟嵩老師講授的「銀河大手印」課程，課中洪老師傳授最微妙、最祕要的超渡口訣——想要超渡一個人，最殊勝的方法就是「直觀他們是佛」。

課後數日，恭送師公及師舅公骨灰罈前往土城寺廟入塔，我就隨緣應用這新學的口訣供養兩位長者——「直觀他們就是佛」。

淨心對著兩位長者的骨灰罈觀想，不多久就觀成了；接著推而廣之、直觀靈骨塔中所有的眾生都是佛；不多久又觀成了，塔中諸位先靈都是佛。這樣觀著、觀著，不多久，心眼之前，虛空中突然現起一尊高約十層樓的大佛，把五層靈骨塔、塔內眾生以及塔外與會的眾生全部籠罩在其佛身內。我登時感覺全身舒暢、輕安，這是非常奇特的覺受。

主持入塔儀式的常住唸誦著儀軌、引領兩位長者骨灰罈進入靈骨塔，眾人列隊尾隨其後，最後眾人排成一路站在靈骨塔內的走道，莊嚴肅穆地進行奉安儀式。走道的寬度僅能容身，兩邊骨灰罈架上排列的骨灰罈近得直逼臉面，於是心底悄悄生起了莫名的恐懼，先前觀想起來的好境界登時消散，胸口沉甸甸的悶。我重新起觀，但是心中的恐懼不安盤據不去，

再怎麼觀想都無法現起先前的好境界。

稍後，目睹洪老師將雕刻有佛菩薩真言的加持物供奉到骨灰罈邊時，沉甸甸的悶倏然消散，胸口登時一空，全身立刻恢復清涼與舒暢。

洪老師傳授的這個超渡口訣，看來真的很好用，可惜我還沒有辦法自在運用，有待繼續努力。


禪師開示
你前半段的表現很好；但是後半段的表現，顯示你還有分別心。

2004.09.20 記

# 如如境、如如智

參加洪啟嵩老師講授的「大圓滿」課程。聽聞禪師詳細解說下列道理後，心中略有所省。

什麼是「見一切相非相」？
「凡所有相，皆是虛妄」！
什麼是「虛妄」？
「虛妄」不一定「沒有」啊！

佛法說一張紙「虛妄」，意思是「這張紙是因緣所生」。千萬不要以為「我把這張紙『看沒有了』，就開悟了」，那豈不是成了Ｘ光，如果是這樣，豈不是眼睛變成Ｘ光就開悟了？不是的！「不執著這張紙」，叫做「見一切相非相」；「見相無著」、不執著這張紙。

如果「不執著境」，境就是「如如境」；「心」呢？「無所住」！「沒有境界可以執著」，我們的「心」放在哪裡？「沒有一個自心可得、沒有一個現象可得」，這樣何時可以開悟？現在嘛！

課後反覆思維上述的道理，心中的體會更深了——「不執著境，境就是如如境」！

喔！是了！

「善境、惡境」，只要心中不執著，就是「如如境」！

「淨土、穢土」，只要心中不執著，就是「如如境」！

如果「心中有所執」，既便是執著「淨土」，都算不得「如如境」！

如果「心中無所執」，現前即是「如如境」、現前即是「常寂光佛土」啊！

心中既有這番理解，於是就試著去「放下心中的執著」、「放下執取外境的習慣」、「放下以兩眼『看』外境的習慣」，反過來試著「讓外境自動映入我的眼睛」。

試著、試著，終於偶能作到「外境清清楚楚的直映眼底，而心中輕輕鬆鬆的無所動」。這時，我方才約略體會禪師常講「放鬆眼根、不去盯著看，才能清楚照見魚躍水面的全部過程」。

既然有了不錯的覺受，就持續不斷地在日常生活中練習。今天午餐時刻，坐在餐桌前不經意地抬起眼睛，餐廳中來來往往人們的形體直映眼底。因為不是刻意去「看」，所以「人們的形體」是自動映入眼睛；因為是自動映入，所以心中無所動、也無所分別；雖然沒有刻意起心動念去分別，但是這些人們的身影卻非常清楚、甚至還呈現出立體的深度，比我平時「用心、用力去看」還要更清晰、更活靈活現。

接著我更清楚覺察到——這些人們「如是來、如是去、如是

展現在當前」，原來他們都是「如來」！然而所謂「如來」，其實也是假名而已，因為他們只是「因緣如是地展現在當前」。

這是相當奇特的覺受，於是具陳禪師。

禪師慈悲開示：「沒有自我的時候，才會有這種覺受。覺受到外境是『如如境』的時候，心一定是『如如心、如如智』。」

聞言，我恍然明白——

原來，「沒有自我」的時候不會不清不楚；沒有自我的時候，外界映在眼中的影像，居然更明晰、更立體。

原來，「心如如」的時候對外境不會不知不覺；「心如如」的時候，外境投射到心中的覺受，居然更真切、更鮮活。


## 後記

雖然這只是一次平平實實的經驗，但是在隨後的日常生活中，卻起了一些微妙的變化：「自我的覺受淡了；與外境的距離也近了一些。」同時也比較能學著「不即不離」面對外境，既不執著、也不排拒，原來心中有些偏空的狀態扭轉了些許。於是，生活還是照樣過，但心頭卻添增了幾分踏實、具力與從容。

踏實，是因為不排拒外境，所以對外境的感受比先前來得具體實在。

具力，是因為不排拒外境，如實應對，所以心中比先前活潑有力。

從容，是因為不執著外境，如實接納，隨緣、無心以對，所以心中比先前餘裕、從容。


禪師開示
這樣的覺受是對的。

2005.04.14 記

# 修行要讓「法」入心

參加洪啟嵩老師講授的「大圓滿」課程。

課堂上有同修問道：「雖然學習多年、懂得很多佛法道理，但是夢中夢到自己死亡時，就不知如何是好，為什麼會這樣？」

洪老師回答如下——

之所以會這樣，核心議題就是「我還在」；只要「自我」還在，「法」就沒有「入心」。

那麼，何謂「法入心」？

如果我們認為「我能掌控這法」、「我能這樣」、「我能那樣」，結果「碰到的時候，就沒辦法那樣」。一旦把「我」放掉，「法」就進入我們的心；碰到事情的時候，是「法」在作用、不是「我」在作用；這時「法」就有作用了。如果「我」還在，因為充滿了知識與想法，碰到了事情，當我們還在想「我怎麼辦」的時候，事情已經過去了。結果往往事後才懊惱：「那時我那樣作就好了」。

所以，「我」還在的話，永遠是第二念、第三念。只有把「我」

放掉，讓「法」入心，「以法來成就自身」，這時候「我們決定怎麼樣」、就是「法」。只有很真實地瞭解到「自我的虛幻性」、「以諸法來成就自身」，這時候「自身性空」，所以「不再受傷」；在法界中能「宛轉自在」，當死則死、當活則活，生死中得以自在。把事情想清楚、看明白，把「我」輕輕放掉，讓「清楚」成爲自己的心、而非「我」強作主宰。

聽完禪師的解說，不禁啞然失笑。這不正是經常發生在我身上的事情嘛！每次遇到狀況，心中立刻忙著思索：「我該怎麼因應？該怎麼辦？」可是往往想了半天、還在猶豫怎麼辦，事機卻過去了。等到事過境遷、才突然事後諸葛亮、聰明了起來「當時我應該怎麼因應才對」，可是時不我與、徒生懊惱。

當然偶爾也有佳作，有時心中放空，面對事情的反應就高明了許多，完全吻合洪老師所述說的情形，但只知其然，不知其所以然，如今方才真正清楚箇中的道理；說來說去還是「我」在作祟。一旦心中放空時，平素習慣的「我」隱伏不起，「自心」隨緣起用，臨事回應恰如其份，反較平常高明許多。

所以，爾後要繼續努力學習的就是──更習慣於把「我」放掉，讓「清楚」成為自己的心、而非「我」強作主宰。

2005.04.14 記

# 直接認取就是

每年七月中元普渡，任職的公司都會在施工中的各個工地舉辦法會，超渡工地的亡靈以及各方好兄弟、祈求工程施工平安順利。

今日同事參加法會後歸來，在閒談中言及許多亡靈跟著他回來。聞言，我就隨緣施法濟助這些亡靈。

首先，觀想他們是「光明體」，接著，觀想阿彌陀佛的光明照耀他們，最後心中更思惟起前些時日的修行覺受——「一切眾生都是如來」、「一切眾生都是因緣如是展現在前；既無所謂生、也無所謂死，一切都只是因緣的變化而已」。

我以心念將上述覺受傳送給對方、與對方分享我的體驗。因為心中認為「理應如是作為」、所以我很自然地這樣做，至於成效如何以及那些亡靈會不會黏滯於我？就不得而知了。不過鑑於施法濟度的當下，心中完全是平和與寧靜，按理來說應該是有幫助到亡靈，也不至於被亡靈黏滯。但心中終究沒有把握，於是將上情稟陳禪師，請求禪師開示。

禪師開示

既然你心中認知到「一切眾生都是如來」，那些亡靈就不會黏滯於你；因爲大家既然都是佛，他們這些佛怎麼會黏滯於你呢？

你先前覺受到「一切眾生都是如來」，心中如此認取就是了，不要再「可是」、「不過」了！你的毛病就是太多的「可是」與「不過」。

2005.07.07 記

# 放鬆、放下、放空

聆聽洪老師首次英語演講
「How to reach the deepest relaxation」

首先，洪老師提出三個要訣：

1.Relax（放鬆）——— Let your body and mind relax.

2.Release（放下）——— Let your mind released.

3.Empty（放空）——— Let them be empty. Don't catch anything, and in fact there is nothing can be caught.

然後洪老師繼續講授「心如、息鬆、脈柔、身空、境幻」的道理。

1. Original heart （心如）

2. Relaxing breath（息鬆）

3. Soft void path （脈柔）

   Body path（身脈）→ 提升為 Void path/Empty path （空脈）

   Empty path（空脈）→提升為 Enlightened path （智慧脈）

4. Empty body（身空）

   You are nothing, and you are everything.

   You are clear but you can't worry.

5. Illusory world（境幻、境圓）

晚間作夢，清楚夢到如下的語句——

To be with the current path, not be with the past path or future path, then your central path will be connected with the current path of the universe. All you have to do is to drop things down.
（要安住於當下的脈、不要住於過去或未來的脈。只要放下、你的中脈就能連通當下的法界脈。）

夢中甚至出現清晰的圖解如下：

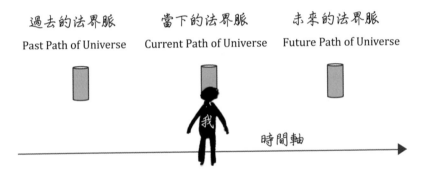

過去的法界脈　　　當下的法界脈　　　未來的法界脈
Past Path of Universe　　Current Path of Universe　　Future Path of Universe

時間軸

依時間軸順序，上圖中分別出現 Past Path of Universe（過去的法界脈）、Current Path of Universe（當下的法界脈）、以及 Future Path of Universe（未來的法界脈）；「人形」代表夢中的我。只要放下，我的中脈就可連通頭頂的 Current Path of Universe（當下的法界脈）。

因為上述夢境十分清楚而且特別，於是稟陳洪老師。
洪老師聽了、隨即開示：「The past and the future are all

empty, the current is empty too.」（過去與未來是空的，當下也是空的）

聞言余隨即領會「The past and the future are all empty.」（過去與未來是空的）；繼而心中放空「當下的法界脈」（the current path of universe is empty too.）；然後回答洪老師：「Yes!」

洪老師繼續指導：「You understand now, but your understanding is empty too.」（現在你理解了，但是你的理解也是空的）；

聞言，余領會心中的「understanding（理解）」亦空，隨即將心中的「understanding」放下，然後回答洪老師：「Yes!」

洪老師聞言說道：「Now you do understand, you are in it.」（現在你真正懂了，你在其中矣）

這時，我發現自己「心智清明，整個人輕輕鬆鬆地活了起來；心中登時現起了頂天立地、雄視一切的氣勢，卻又親親切切、不外不離於周遭的一切；既具威勢又復沉穩內斂，無所畏懼、也無所期盼；就這樣沉靜又靈活地住於清明、安穩、平和、閒適與舒暢中」。

這是相當有意思的覺受，於是稟陳洪老師：「這是什麼境界？是覺受？還是見明體？是否就是這樣？」

洪老師笑道：「是又怎樣？不是又怎樣？這是你自家的事，就承擔起來吧！」

聞言，心有所省，於是稟陳洪老師：「好，承擔起來就是！

但……」

話還沒說完，就被洪老師的快手摀住了嘴巴。

話雖然被悶住了，心頭倒是更清楚了：「承擔起來就是！還說個什麼？！」

於是，訕訕地笑著感謝洪老師的指導。

2005.08.21 記

# 凡所有相皆是虛妄

有一位讀者提問:「他很喜歡《禪師的手段》一書記錄的佛法修行經驗,每次閱讀都有深刻體會。某次夜晚甚至在夢中現起作者身影、並且激動大哭,及至夢醒、發現竟然真的淚流滿面。他不明白為何發生這種現象?」

上述提問令我親切憶起多年前的一次經驗——

一九八九年底的一個夜晚,精神好得睡不著,於是起床靜坐。坐著、坐著,心眼之前清清楚楚現起洪老師的身影,我確定那不是自己幻想出來的,但這現象也未免太奇怪了、我完全不知道那是怎麼回事。心中隨即浮現洪老師的教誡:「靜坐中無論現起什麼境界、都不能執著,凡所有相皆是虛妄,佛來斬佛,魔來斬魔,只管打坐。」

於是我就告訴自己:「儘管是洪老師的身影現前,也不應理會,只管打坐才是!」下一剎那,眼前的洪老師身影突然進入我的身體、與我混融成為一個身體;易言之,「這個混融身體」既非單獨的我、也不是單獨的洪老師,而是兩者的混合,其面容竟然非常非常的莊嚴漂亮。

這是前所未有的奇特經驗,事後我就請教洪老師:「是不是

因為我認同洪老師宣講的佛法理念，所以才會現起這境界？」

洪老師聽聞後，笑著回答：「會現起這境界，絕對不只是認同我宣講的佛法理念而已；因為認同者比比皆是，會現起這種境界者卻不多；必然是心中真實領受、真實履踐者，才會現起這境界。」

聽了洪老師的解說，我就仔細檢討、結果發現，那些時日我確是真心領受了洪老師宣講的佛法、並生起純淨寬宏的發心與無畏的實踐力。將檢討結果稟陳洪老師後，洪老師笑著說道：「這就是了，因為你的發心寬宏與實踐無畏，所以才會現起這樣的境界。」

聽聞開示後，心中既欣慰又慚愧，因為這種境界一現之後就不再現；箇中原因也很簡單，因為這樣的發心與實踐力，雖然勇猛卻不牢固，在現實生活的不斷侵蝕下、又逐漸萎縮消退。雖然境界消退，但是有過這樣的體驗後，心中就很清楚自己應該努力的方向就是「發心寬宏、履踐無畏」。

因為這次經驗，我對「上師相應法」也有了新的認知 ——
因為佛法無形無相、不易掌握，所以祖師發展出「上師相應法」，讓學子相應於具象的上師，進而契入上師背後無形無相的佛法；所以祖師並不是在搞個人崇拜，而是度眾的方便。

基於上述親身體驗，於是我誠懇地回答讀者如下：「在夢中激動大哭，代表他真實領受並履踐書中記錄的佛法正知正見；

然因佛法無形無相，所以才會顯現作者的身影、以作為佛法
正知正見的具體表徵。」

2005.09.04. 記

# 自我的幻滅與重生

受邀演講個人學佛的心路歷程，講題自訂。我苦思兩天都想不出適當的講題，第三天清晨剛睡醒，心頭自然浮現一個講題「自我的幻滅與重生」。嗯——這題目聽起來很炫，於是就此決定。

等到開始準備講稿內容時，我才發現大事不妙——自我如何幻滅？又如何重生？我要怎麼講？腦中一片空白！然而這題目明明是從自心中流出，絕對是個好題目。於是只好努力翻閱過往的修行紀錄，試圖從中尋找靈感。看著、看著，終於看到一道曙光，二〇〇〇年的〈我們本來就是不動明王〉，當時我是這樣記錄的——

次日清晨，一覺睡醒，睜開眼睛，還平躺在床上，全身上下的第一個感覺：「『咦——我本來就是不動明王嘛！』這種實然、真確的感覺，既不是觀想、臆想所生，更不是作意、造作而來，純粹是自然現起！

可是問題來了，如果說『我本來就是不動明王』，那麼平日所熟悉、所習慣的『另外一個我』，又是什麼呢？

仔細一看，原來那『另外一個我』，乃是在這個『本來就是

不動明王的我」之上，另外添加了一些情緒以及觀念等等的『累贅』而生成的！」

將這兩者相互比較，很清楚地看出：「那『另外一個我』，顯得比較沒有智慧、比較沒有能力看清楚事情的真相，也比較容易心慌意亂、比較容易情緒緊張、比較容易心生不安」。

但是最重要的是，我清楚地看到：「那『另外一個我』原來竟是『虛幻的』」！因為在此當下，它宛如空花般地謝卻、消失！當下現前的，只剩下「本來就是不動明王的我」──踏實、穩定、安適、聰敏、而且有力！

怎麼會這樣？原來在此當下，平素常相左右的那些「另外添加的情緒以及觀念等等」，都沉澱、不起了。既然失卻了這些組成「另外一個我」的基本要素，自然「另外一個我」就無由生起──是根本「無由生起」！並不是因為我加以壓伏、然後才消滅！這種感覺真的有夠特別，也是前所未有的經驗……

當年我清楚看到──
「那『另外一個我』原來竟是『虛幻的』！」因為在此當下，它宛如空花般謝卻、消失！

事過五年，如今我卻看到更深刻的內涵──
當年看到的「另外一個我」，其實就是一般所說的「自我」嘛！

如果把詞彙變一下、用「自我」替換「另外一個我」，前述記錄立刻顯現出更深刻的意涵：

- 「自我」原來是在「現前的存有狀況」之上，另外「添加了一些情緒及觀念等等」生成的。
- 一旦平素常相左右的那些「情緒及觀念等等」沉澱、不起，失卻了這些組成「自我」的基本要素，「自我」就無由生起；是根本「無由生起」！不是因為加以壓伏、然後才消滅！
- 「自我」原來是「虛幻的」；它會宛如空花般地謝卻、消失。

看清這一點，心中立刻生起莫大的歡喜與安慰。

原來「自我的感覺」是自己製造出來的、是虛幻的，只要把那些「另外添加的情緒及觀念」抽掉，「自我」就消散了，「自我」並不是那麼牢不可破的，我終於看到佛法所謂「無我」的事實了、「無我」終於落實在我生命了；這個困惑多年的「無我」疑團終於開解，心中怎能不歡喜安慰？！

接著，心中又浮現洪啟嵩老師另一段開示、清晰而靈動——

佛陀了知生命即是如幻空性的本質，他因此告訴我們，宇宙中的一切都是在運動變化當中，本來就沒有固定不移的事物，連我們自身也都是如此。我們的身體、細胞、組織都是不斷在變化當中，我們的意識念頭也是分分秒秒不斷地生起消失，沒有固定不移的永遠之事。所以一切如夢如幻，本就無實，

有的只是當下的現象運作而已。只有了知這一事實，我們才不會執著，才會安穩地活在每一刻中。

佛陀教導我們，每個人都要如實地活在當下；因為一切都是如幻，那麼分分秒秒都是沒有執著，所以我們就可以輕鬆安心地生活在現象中，沒有貪戀，也沒有懷疑，有的只是無悔的抉擇判斷。

是啊！既然「自我是虛幻的」，那麼 ——
我的生命乃是「因緣在當下的具體展現」！
我的生活只是「在因緣現象當中，無悔的抉擇判斷」！

我清清楚楚的如是了知、如是看見。於是，心裡輕鬆了。
雖然「自我的幻覺」滅了，但「生命」卻反而更實在了；因為那是因緣在當下的具體展現，是最真實不過的，所以「這是個沒有自我幻覺的新生命」！至此，我欣然知道：「我重生了！」

這種嶄新的體悟，雖然只是剎那間事，但它卻逐日、逐日滲入我的生命，微妙而又根本地影響了我的日常生活。因為「自我」幻滅了，心中頓然空出「好大一塊空間」——面對生活、面對事情時，少了「自我」橫亙在中間作主，心與外界之間立刻出現非常大的緩衝空間，不但能更清楚觀照當下因緣變化，同時也更能隨順因緣、善巧判斷抉擇。

這種轉變雖然明顯，但我卻無法經常安住於此。許多時候，

遇到事情仍然會生起不安；縱然已經看到「自我是虛幻的」，但遇到利害關係重大的事情時，還是會習慣性地想要「保護因緣中現起的這個我」、還是不免情緒緊張。不過既然有了上述認知，隨即「曉諭」自己「莫要重蹈覆轍」，緊張的程度就能隨之減輕。

禪師開示

雖然遇到利害關係重大的事情時，還是會習慣性地想要保護「因緣中現起的這個我」、還是不免情緒緊張，但那只是小事，因為那是「習氣、習慣」起的作用而已，重要的是現在你已經知道「自我是虛幻的」。

2005.12.15 記

# 大悲心陀羅尼經修學記

聆聽洪老師講授「如何修持《大悲心陀羅尼經》」，課堂上洪老師宣說了「修法心要」如下：

心中生起大悲，把自己變成觀世音菩薩，一切眾生也是觀世音菩薩，一切音聲都是大悲咒音。

若心中真實生起大悲、真實現起大悲觀世音，則『我若向刀山，刀山自摧折。我若向火湯，火湯自消滅。我若向地獄，地獄自枯竭……我若向修羅，惡心自調伏……』

聽聞了這個心要，我心中深有所感，於是就依循著先前的領會「既然自我是虛幻的、一切無我，就可以隨緣現起本尊」，那麼何妨隨緣現起觀世音菩薩？

於是，我就試著在心中生起大悲心，把自己變成觀世音菩薩，以大悲心來面對生活。當工作中遇到利害關係重大的事情時，特別著力把自己變成觀世音菩薩、以大悲心來面對。於是，心中自然無瞋、無怒、無懼、得失不掛心，就能心智清明、條理分明、心平氣和地與強勢對手溝通。不但心中緊張之情減少，面臨對手言詞挑弄刺激時，也能冷靜平穩而且善巧地回應，令對手完全找不到我的破綻可以發飆攻擊，於是事情

就順利圓滿地解決了。

這是一種嶄新的體驗，迥然不同於二〇〇〇年的經驗；那一次是「自現不動明王，展現了威猛力量、震懾了對手，事情當場圓滿解決」。如今「自現觀世音菩薩、以大悲心面對」，雖然展現了平和的樣態，卻依然有力、有用；這種力量雖然柔韌不帶剛勁，卻能發揮柔能克剛、四兩撥千金的大作用，相當有意思。

《大悲心陀羅尼經》云：「我若向修羅，惡心自調伏。」誠然不虛！

2005.12.25 記

# 把鬼觀想成光明身

參加洪啟嵩老師講授的「甚深中脈義」課程，老師開示如下：

「怕鬼」是不慈悲的，因為眾生無邊誓願度、鬼也是我們應該要慈悲度化的眾生。如果能把鬼看成佛，則是對他們最大的加持，因為這為他們安立了將來成就的因緣種子。且提個問題請大家思考：「眾生全佛，把鬼看成佛、會有什麼結果？

洪師的話語重重打到我的心上。我一向怕鬼，修行多年後，害怕程度雖然稍減，但心底還是畏懼著這些「異類」。洪師上述開示則宛如當頭一棒、敲醒了我：「鬼也是我們應該要去度化的眾生之一，只不過他們的生命型態與我們不同而已！」── 領會了這一點，心中與鬼的隔閡，頓然淡消許多，害怕程度也隨之減少。

上課後三週，一天凌晨作了一個怪夢。

夢中我正用右手拉開窗簾，突然我的右手被一股無形的巨大力量拉扯了過去，原來對方企圖搶奪我腕上的手錶。由於對方無形無相，我根本就看不見對方，心中不禁驚慌起來。旋即心中浮現起洪老師先前的開示「鬼也是我們應該要慈悲度化的眾生」、「把鬼看成佛，是對他們最大的加持」。

於是，我的心立刻安定了下來——既然「眾生都是佛」，那麼「對方當然就是佛」。我心中如是肯定、如是確認，接著我就觀想對方為「光明身」。

隨著我的觀想，對方變成了一團光明、不再無形無相；這時對方也看到了自身的變化，因為不明白何以自身變成一團光明，對方頓時變得驚惶失措，拉扯我的力道也隨之減弱許多。

看到這樣奇妙的效果，我的信心大增；於是我更加確認對方是佛、也更用心觀想對方是「光明身」。隨著我的觀想，對方身軀愈發光明、其心中的驚惶也更加嚴重、抓我的力道也隨之更弱了。

最後，我堅定地觀定對方「是佛、是光明身」，對方身上的光明隨之變得愈發燦亮、而其心中的驚惶也達到了極點，最後終於放手、逃之夭夭。至此夢醒，啥事都沒有，我的心境依然平靜、我平靜地消弭了夢魘；同時我也知道了「把鬼看成佛，會有什麼結果」。

事後，親切憶起一九九八年的一次經驗，那次是在睡夢中，有一團漆黑的物體，以一股很強勁的力道、沉沉壓在我身上，令我心中非常惶恐害怕，然而急中生智想到「生佛不二、眾生全佛、我與佛無異」，於是我「自現佛身、自現本尊」，隨後從我丹田處自然生起一句「吽！呸！」並順著我的中脈竄升、脫口衝向沉沉壓在我身上的那團黑色物體，剎那間就將它擊破、粉碎、而後消失無蹤。

那次以威猛力量粉碎夢魘的經驗雖然不錯，但禪師卻開示我須要更上層樓：「因為那樣處理，還是執著於光明、對立於黑暗；並沒有與黑暗一如，必須進一步去瞭解『大闇體性』。」——禪師的開示令我傻眼，雖然苦思多年始終不解「如何與黑暗一如」？

上述疑團一直懸在心頭，直到今天經歷了這個怪夢後，我才終於有所體會——

「生佛不二、眾生全佛」，因此我與佛無異；然而對方也是眾生、也與佛無異；我與對方都是佛，平等、平等，如果只把自己看成佛，卻把對方看成「對立的黑暗」，這樣還是落於「二元對立」，不符合「法性一如」的道理啊！

經過漫漫八年方才體解上述道理，我不禁啞然失笑——是笑自己的魯鈍，也是心開意解、舒暢開懷的笑。

2006.08.08 記


## 後記

觀想對方為光明身，對方隨之變成一團光明，並且因而驚惶失措逃之夭夭。這個經驗證明「堅固的正見與觀想是有力量的」，然而這算不算「空即是色」呢？請教禪師後、蒙禪師開示如下。

禪師開示
這是對「空不異色」的更深刻體認，還不算「空即是色」；「空即是色」是大悲如幻三昧、是八地菩薩的境界。

2015.11.15 後記

# 心的作用

一九八九年第一次參加洪啟嵩禪師主持的禪七。

某日禪坐中，禪師在堂上高唱、要學員「一口吞盡淡水河水」。

聞言，我感覺有趣，就試著觀想「一口吞盡淡水河水」。結果礙於觀想功力有限，我沒能真的「一口吞盡淡水河水」，但是觀想中還是吞了不少河水下肚。

心中正暗暗自得時，禪師又在堂上高唱：「原來河水裡面都是爛污泥。」聞言，我立刻噁心欲嘔；先前「觀想」吞下肚的河水，此刻竟然全部變成了爛污泥，令我作噁，想吐又吐不出來，難過極了——唉、著了禪師的道！


十八年後，再次參加洪啟嵩禪師主持的禪三。

有學員提問：「上述狀況究竟是怎麼回事？」

禪師開示：「那是落在境界中；可惜當年沒有跳脫出來，所以沒有開悟。」

禪師的開示令我深思，可惜想了許久還是不明白，只好請教禪師：「如何才能跳脫境界？」

禪師開示：「方法很多，第一個方法就是要知道『一切都是

空』。」

解三後，禪師的開示不斷盤旋在腦中、引發更深刻的思惟：雖然觀想中「吞了許多河水」，其實肚裡沒有半滴真河水；由於禪定中身心統一，所以聽到禪師說「河水中都是爛污泥」，我立刻實然感覺「肚子裡的河水都變成了爛污泥」，噁心反胃不已。

《金剛經》以「一切有為法，如夢幻泡影」說明生命實相，一般人都有作夢的經驗，很容易理解「夢中如幻」的道理，然而白天的生活卻讓人感覺如此實在，不容易理解其也是如同夢幻，然而經歷了上述禪修體受後，我終於清楚看見──原來不只睡夢中空幻，甚至白天也能「幻化現前」；上例中，肚中既沒有河水、也沒有爛污泥，只因心的作用、幻化成真，立刻令我噁心欲嘔；明明沒有的東西，只因心的作用、竟然可以變得真實無比。

再由此聯想，日常生活中的「喜怒哀樂、煩惱、憂愁、痛苦」，其實也是經由「心的作用」而產生，其本質也是空幻的，如果認清這一點，凡事隨緣盡份、不執著，不就可以跳脫而減少許多負面情緒與苦惱？──想通了這個道理，心中背負的許多煩惱與負擔，登時消散許多。

2007.03.01 記

# 禪子的嗆聲

參加洪啟嵩禪師主持的禪七。

第四天早晨，禪師以慢步經行調練大眾。

正當大眾漫步經行中，突然聽到禪師大喝一聲「停——」，
於是大眾停下腳步、安住自心。

片刻後，禪師前來探問：「洪啟嵩為什麼停下來了？」

聽聞禪師話語，我清楚看到禪師的語病——我是邵家康，不
是洪啟嵩。明明是我邵家康停下來，禪師偏要問「洪啟嵩為
什麼停下來了」，這豈不是無聊？

於是，我輕聲回嘴：「無聊。」（這是學禪多年以來，首次有
力氣可以在禪堂面對禪師試探時回嘴。）

禪師聽到了、輕咦道：「哦——還會説話？」立刻轉身再探：
「你説什麼？」

我忍住笑意、再度輕罵：「無聊。」

禪師再次探問：「誰無聊？」

我強忍笑意、輕聲回答：「你。」

禪師再探：「誰——？」

這次，我堅決有力地回答：「你——！」

聽到我的堅決有力，禪師終於退走。

晚間開示，禪師遠遠盯著我說道：「今天有人罵我，罵了什麼？」

我平和又沉穩有力地揚聲回答：「無聊──」（此刻我的內心安定清明，縱然聽聞禪師試探，卻完全無動於心，並隨即坦然如實回應如是，雖然聽似無禮的嗆聲、實則不然）

聽到如此「無禮的嗆聲」，禪眾當中有位師姐立刻面露忿色、準備興師問罪（此刻我的身心安定清明，雖然沒有刻意去觀察，師姐的神色與身形卻自然映入眼底、清清楚楚）；為了平息師姐的怒氣，我正要開口解釋，不料禪師已然悠悠說道：「說個故事給你聽好不好？」
我當然只能應聲說好。
於是，禪師說了臨濟義玄的故事。


禪師開示
臨濟義玄開悟後，拳打大愚禪師肋下。
大愚禪師說：「你師傅是黃檗禪師，打我作什麼？」
臨濟義玄回到黃檗禪師處，出手掌摑黃檗禪師。
黃檗禪師挨了打，卻呵呵大笑、印可臨濟義玄。
或問：「當禪師的人是否這麼倒楣，老是挨打、挨罵？」
答曰：「也不盡然，要看情形；當禪師的人眼睛要利，要看清楚禪子的狀況；有時要呵呵大笑、有時要打回去、有時要罵回去。」

2007.08.28 記

# 我是誰

參加洪啟嵩老師主持的禪七。

第五天早晨，禪師以慢步經行調練禪眾。

禪師要求禪眾把慢步經行的速度越放越慢，最後速度慢得讓我幾乎無法邁步，於是我試著改變方式，將提著的心放下、而後「全身一體」而運作，方才流暢地慢步前行。

這時，我發現除了「全身這個」之外，並沒有另外一個「心」。

初以為這樣就是「全體作用」了，但接著想到：「死亡火化之後，還剩下什麼呢？顯然這個還不是『全體作用』，既然『這個』不是、那『什麼』才是？」

疑情頓然生起、黑漆桶隨之而現，但剎那間就轉為軟弱無力。

接著，禪師喝令大眾停下腳步、問道：「是誰停下來？」禪師的提問、讓我的疑情頓然轉盛──「是「誰」停下來？誰？」──黑漆桶頓然現起，緊緊框住我、並且越來越緊，我終於被緊迫得大聲哀嚎！

禪師過來賞了一記香板，問道：「家康，看看什麼是沒有哭出來的？」

是啊！「我是誰」是哭不出來的，還悶在裡頭。

於是，哀嚎漸趨無力、終於停止；但問題還沒解決、依然悶在心裡。因為我還是不知道「我是誰」？

2007.08.29 記

# 無心以對

參加洪啟嵩老師主持的禪七。

第五天，雖然自認已經放下一切，心中也清清楚楚，但是自知這境界還不是。於是小參時請教禪師如何才是。

禪師開示：「當然不是，這光明境只是冷水泡石頭。要放下一切，放下『能』放下的，不是自己製造一個境界來放下。」

第六天，禪坐中試著放下『能』放下的，登時感覺「胸膛空空一個洞」，接著再努力放下，感覺「整個軀體空空一個洞」。接著怎麼辦？我試著把這空空的感覺也放下，眼前現起一片黑。

接著如何是好？不知道！

晚間開示時間，請教禪師，蒙禪師開示：「這些都還是境界，還要放下。」

事後，憶起《楞嚴經》的耳根圓通修法「覺所覺空、空覺極圓、空所空滅、生滅既滅，寂滅現前」，心中登時明白：「是的，還要繼續放下，『能放、所放』一起放！」

第七天，解七後騎機車回家，感覺「整個軀體空空一個洞」，

先前來時胸口悶悶、提心吊膽的感覺完全消失了。

半路上一隻野狗突然從路邊衝出，追著我的機車狂吠、想要咬我，我輕鬆地全體作用、加快油門往前疾駛，胸中依然空空一個洞，既沒有「把心提起來」備戰，全身肌肉也依然放鬆，完全不受這突發事件的影響——這個情況全然不同於平時。

因為年幼時曾被惡犬咬傷，所以平時遇到惡犬就會把心提起、繃緊肌肉、準備應變，結果每次事情過後，往往會感覺胸悶、肌肉酸。今天「無心以對」的結果，完全不一樣。

2007.08.31 記

# 禪宗祖庭南華寺紀行

二〇〇八年四月前往禪宗祖庭廣東南華寺，拜謁寺中供奉的六祖惠能大師全身舍利，並參加洪老師主持的禪七。

五月十一日凌晨搭機前往廣州，再轉搭遊覽車前往韶關，下午二時半終於到達南華寺。一下車，看到山門匾額上「曹溪」兩個大字，心頭就熱了起來：「終於到了禪宗祖庭」。進入南華寺，穿過一進又一進的建築，最後到達「祖殿」。

進入祖殿後為之一震，殿中供奉了三尊全身舍利，六祖惠能大師居中，憨山德清大師、丹田和尚分居左右；一二九五年前的六祖大師、三八五年前的憨山大師、四〇〇年前的丹田和尚，肉身舍利至今猶然保存良好，祖師修行的典範令人感佩，心中暗暗自期：「小子當努力！」

接著前往廟後的「卓錫泉」，相傳此泉是一三〇〇年前六祖卓錫杖振地而出。以手掬水而飲，入口甘洌，暗自竊喜：「終於喝到曹溪水了！」

飲罷曹溪水，參拜活動結束，就要開始禪七了。

起七前，執事建議學員「寫下本次禪七的願望、擺到供桌上請六祖加持」。心想「有願才有努力的目標」，於是我就寫下「祈願能在六祖跟前得法眼清淨」。

禪七開始後，長期工作疲累的身體畢竟撐不起劇烈的參禪，頻頻昏沉瞌睡。幸虧本次學員多為新參，禪師採用寬鬆方式、以善巧的調身方便，帶領大眾逐步收攝身心。幾天下來，經由調身、慢步經行、快步經行、靜坐，逐漸將身上堵塞的氣脈疏通了，兩腿尤其明顯，終於可以盤腿了；同時也開始有點心力觀想了，期間還曾現起黑漆桶；可惜體力長期透支，終究無力破參。

## 紀事一　從自家胸中流出的才是

因為是在六祖跟前打禪，心力不足時，屢屢厚著臉皮祈請六祖加持。第四天午後，又一次祈請六祖加持時，心眼看到「從六祖胸口走出一個小兒」，這幕景象完全出乎意料。但是仔細思量後，也猜到祖師的意思了：「必須要從自己胸中流出的才是，其他從外緣得到的、都不是自家珍寶！唯有自己努力參修開悟才是！」我如是了知、如是領受。

## 紀事二　老得有希望

近年公私兩忙，身心疲憊，業已形成修行瓶頸，我不禁有點心虛：「行年六十，今生還有機會開悟麼？」

本次禪七，禪師採取了種種方便導引學員。包括安排學員在山林中禪坐、體驗林間禪修的滋味；參訪寺僧往生後的化身

窯、思惟死亡大事；參訪一五〇〇年前創建南華寺的智藥三藏紀念堂及供奉無盡藏比丘尼金身的古無盡藏庵、中興南華寺的虛雲老和尚紀念堂，並在這幾座庵堂中禪坐，緬懷祖師風範、親炙祖師加持。

禪師還引領大眾參拜了虛雲老和尚舍利塔，舍利塔上銘刻了老和尚的簡略生平——老和尚四十三歲由浙江普陀山啟香，三步一拜，朝禮五台山，年底走到黃河邊，被大雪圍困於路邊草棚，飢寒雪掩，幾乎凍死；次年正月渡過黃河，又發冷病、起痢疾，日夜瀉數十次，瀕臨死亡，雖然連逢兩度大難，老和尚依然不改參拜五台山的決心。四十九歲老和尚又由四川經西藏進入印度，備嘗辛苦。老和尚如此苦修，直到六十八歲才開悟。看了老和尚的修行經歷，再想想自己，確實還有努力的空間與機會。

## 紀事三　被覓了蹤跡

禪師開示：「你的覺受很多，卻很容易忘記。」
退而省思，過去確實經歷很多覺受，但回歸日常生活後，往往又復流於習氣習慣，因此修行不容易突破。

解七後前往廣州搭機返台，在地一位師姐邀請同修茶敘，這位師姐有一項特別的本事，她能觀察對方的眼神、看出其心理年齡。出於好奇，我就央請師姐出手，師姐觀看後說道：「你的心理年齡只有二、三十歲。」聞言我暗自佩服，她說對了。

接著大夥又鼓動師姐觀看洪老師的眼睛，結果她卻黯然說道：
「她無法從洪老師眼神中看出多少歲。」

聽聞此言，我暗自慚愧——洪老師曾經教導大眾「眼睛不要
盯著外界看，要讓外界映入眼睛」，我曾經練習過這方法、
也有過不錯的覺受，只是日常生活還是習慣性盯著外界看。
於是師姐就從我的眼神中看到了東西；然而在洪老師的眼睛
當中、她卻覓不了蹤跡。

2008.05.19 記

廣東韶關南華寺六祖惠能真身 / 吳霈嫻攝

# 化空的體驗

睡夢中與兩個人爭吵；吵著吵著，對方兩個人突然消失了一個，接著在我身後出現一團無形的物體，將我緊緊環抱、猛力擠壓我的身體，令我呼吸困難、氣血無法流通。雖然我大力反抗，卻始終掙脫不了，我的身體被擠壓得越來越難過。

我急中生智：「既然對方的身體能變成無形，何妨我也把自己化空？」

於是我立刻觀想「把自身化空」，立刻我就變得無影無形。原本在身後緊緊環抱擠壓我的對手頓時落了空，他當場愣住、因為他完全無法理解怎麼會這樣。

哈！有趣！繼而想到：「何不將自己化為山河大地，將對方涵容？」

於是我就如是觀想；接著，我就化為山河大地了、將對方完全涵容了。可是這樣一來我就露了形跡，對方當然也發覺了，於是他就在我身軀內奮力掙扎，弄得我也很不舒服。
於是我又改變策略，觀想：「自己變回人形，但是身體表面長滿突出的鋼釘。」

對方看到我現了形，很高興的又上前來環抱擠壓我，雖然被我身體表面的鋼釘扎得很痛，他卻強忍著不肯鬆手。

見狀，我就進而觀想：「我身體表面佈滿密密的細鋼針。」

這下對方終於痛得受不了，只好不甘不願地放了手。我的身軀隨之輕鬆、氣脈也開始疏通；就在這樣越來越舒暢的感覺中，我悠悠醒轉。身上還有些不舒暢的部位，我再逐一放空，氣脈隨即通暢。就這樣，我在床上躺了約莫一小時才起身。雖然當晚真正睡眠的時數不多，但是起床時，不但精神抖擻、而且通身舒暢。

經由這次經驗，我對「放空」的體會更深刻了。


四天後，夜間睡眠時又作怪夢：「我身居屋內，屋外有一個可怕的怪物想要闖進來。我則拼命擋住門板，不讓它闖進來。」

然而對方不斷強力的衝撞，我漸漸無力阻擋；在此危急之際，心念一轉：「何不把自己身形變大、變得強而有力？」
於是我隨即觀想：「把自己變成大身。」下一剎那，我的身體變大了、力量也增大了，於是擋住怪物的衝撞了。
但是這樣與怪物對抗，還是得花力氣，我繼而轉念：「何不乾脆化空？」於是我隨即觀想：「把自己化空。」下一剎那，我的身體消失了、完全不受力了。怪物頓時撲了空，他看著

空空的現場、當場愣住，因為他完全不能明白這是怎麼回事，
而我卻感覺到非常輕鬆、非常舒暢。

由這次經歷，我發現自己對「化空」的體性瞭解得更清楚
了，也應用得更純熟了；但是我也發現——這當中還是有個
「我」，還是沒有達到「無我」的境界，還得繼續努力。


禪師開示
雖然還有「我」存在，但這個經歷顯示你已經懂了「廣觀、
斂觀」，對「化空」的應用也更純熟了。
嗣後可以「二鏡相照」、「境智雙泯」的法門繼續精進。

2008.10.27 記

# 大陸佛教名山之旅

二〇〇九年參加旅行社的「中國大陸佛教名山朝聖團」，因為是由旅行社組成，雖然團名朝聖，實則滿多觀光旅遊氣氛，而我的心也跟著流於輕鬆甚至放逸，但行程中還是幸運地得到佛菩薩的加持與啟迪，謹此記錄以感恩佛菩薩慈悲照拂。

## 峨嵋山

峨嵋山是普賢菩薩道場，金頂華藏寺前廣場上矗立著一尊宏偉的「十方普賢菩薩銅像」。看到寺方發起供燈萬盞的活動，就隨緣供燈六盞。當我拿著燈前往佛像正前方請服務員幫忙上供時，對方正忙得無法分身，就要求我轉去佛像四周其他方位的服務員幫忙。我只好無奈地四處尋覓，最後終於在佛像右後隅找到一位服務員、請他幫我把燈供上，然後我就恭謹地抬頭瞻禮這尊十方普賢菩薩金身。

「十方普賢菩薩金身」共有十頭、分別面向十方，我供燈位置正對著右後隅的頭，當我抬眼瞻仰時，不料此方向菩薩頭像的眼睛竟然直直望入我心中，登時令我生起滿滿的歡喜。先前一心執著想要在普賢菩薩正前方供燈，以為這樣才能得到菩薩的注照，此刻方才發現「我錯了！」我在菩薩右後隅供

燈，一樣得到菩薩的慈悲注照；既然號稱十方普賢，自是平等加持十方，是我自己分別心太重囉！

峨嵋山萬年寺無梁殿供奉北宋時期鑄造的普賢菩薩銅像，重達六十二公噸，導遊告知朝禮的規矩是——繞佛三圈向普賢菩薩禮敬後，用左手掌按著普賢菩薩的座騎六牙白象膝蓋後方、並順時針轉摩三圈——我依此而行，頓時全身清涼，令我既驚訝又歡喜，感恩普賢菩薩的慈悲加持！

《華嚴經普賢菩薩行願品》云：「一切如來有長子，其名號曰普賢。」我們每一個修行人都應當是「普賢行者」啊。於是遊覽車上有刻印匠前來兜攬生意時，我隨緣囑其篆刻一方印章，印文曰「普賢行者」，藉以自我惕勵大行不懈。


## 山西應縣木塔與佛牙舍利

搭車從太原前往晉北應縣木塔，高速公路行經雁門關隧道，向上遙望山頂就是歷史上著名的雁門關，穿越隧道後遠眺山腳則是與雁門關互為犄角的前哨軍事據點新廣武城。歷史上漢民族與北方游牧民族征戰殺戮、死傷無數的場景，立刻浮現腦中、心中不禁為之惻然。

應縣木塔建於遼代清寧二年（公元一〇五六年），距今將近千年，當年遼代皇室興建應縣木塔的緣起，正是為了撫慰此地征戰衝突陣亡的先靈。木塔的平面為正八邊形，外觀有五

峨嵋山金頂十方普賢銅像

層六檐，塔高六十七點三一米，底層直徑三十米。木塔結構精密，量體宏偉，歷經地震、祝融，屹立千年不搖，是中國古代木構建築的傑出成就。

一九七四年，維修應縣木塔時，發現了兩枚佛牙舍利，於是特別建立展示館以供奉舍利，此行專程前來瞻禮佛牙舍利，當我親眼目睹時、不禁感動欲泣。


## 五台山

五台山「殊像寺」是文殊菩薩祖廟，相傳該寺大殿上供奉文殊菩薩塑像的頭部是菩薩現身給匠人看了之後、用蕎麥麵形塑而成，並因而得名「殊像寺」。為了避免光害，大殿內不點燈燭、殿門也用厚重的門簾遮擋外界光線，因此大殿內相當昏暗，當我踏進大殿後，只能看到佛龕上文殊菩薩朦朧巨大的身影，菩薩頭部則完全隱沒在黑暗中。然而就在下一剎那，從菩薩所在的位置，一團無形的力量向我拂面而來、親切溫馨地將我完全擁抱，令我感受到滿滿的溫暖與舒服，彷彿回到老家、親炙父母的慈愛擁抱一樣——這是我前所未有的體驗，嗯、或許這裡就是我前世的家，感恩文殊菩薩的慈悲照拂。

2009.04.29 記

# 生命大限的模擬考

年度體檢報告有行紅字:「肺部 X 光片有陰影,需要門診追蹤。」剛收到報告時還沒有急迫感,等到新聞報導某政要罹患肺腺癌的消息後,心中立刻警惕、就趕緊去醫院檢查。

等待檢查結果的時間長達半個月,在此期間雖然還不知道結果,但不妨預先沙盤演練一番,免得事到臨頭驚慌不知所措。於是我就開始認真思索各種可能狀況以及相應的對策。

最糟糕的狀況當然就是罹癌,肺腺癌患者可以在短短半年內謝幕人生,萬一是這樣,生命就要提前結束,怎麼辦?

最先浮現的念頭是「嗯!萬一因緣如是,半生的疲累就可以結束了!」接著,心中竟然如釋重負——這似乎有點荒謬,卻是我當時最真實的覺受,或許是因為前半生太累了。所以講起來,第一時間我是平靜地接受了這種狀況。

然後接著思惟:「一切眾生是佛,癌細胞當然也是佛」,於是我就如是觀想「癌細胞是佛、是光明的佛身」,心中沒有任何怨憎。

接著繼續檢查自己的心:

心中有沒有不捨？——嗯、好像沒有。

心中有沒有害怕？——嗯、好像也沒有。

如果時間到了、如何走過大限？——嗯、好像還是不太清楚，修行的證量好像還是不夠用；雖然已經看到「自我是虛幻的」，對「自我」的感覺也逐年淡化，但畢竟還沒有真正證得「無我」，所以如何走過大限，還是沒有把握。

接著繼續思惟如何過這「殘餘的日子」：

嗯、因緣盡了、半生疲累止息了、就此放下一切、心中無所求，我平靜地面對。悄悄地，明鏡般的觀照力（明照、就只是明照）脫—穎—而—出—，取代了習慣性的「我看、我觀察、我知道」。《楞嚴經》的「性覺妙明、本覺明妙；性覺必明、妄為明覺、覺非所明」，成了此刻最、最、最適切的指引。

因為不再有「無窮時間」可以揮霍，「生命的有限性」突顯到極致，擺盪的心靜了下來，我的身心全然地「面對當下」，於是——

當下這一刻變得真實、可貴；因為過了這一刻，生命又少了一分。

眼前這一切變得可愛、可喜，因為我的生命只與它們相會在眼前。

我如是體會、也以如是狀態生活著，日子變得輕鬆，但是卻更實在、更歡愉，我如是享受了十四天的好日子。

兩週後，檢查結果出爐，主治醫師明確告知：「對照過去歷

史記錄 X 光片後，確認這次 X 光片上的陰影，乃是由 X 光機柵格造成，肺部本身完全沒有問題！」

聽了醫生解說，我沒有慶幸或歡喜，只是如實認知：「喔、既是這樣，那就繼續扛起責任、繼續下半場的生命旅程吧！」而過去幾週當中所經歷的種種，就宛如一場最、最、最真實的模擬考試，測驗結果大致確定「未來大限屆臨時，我可以走得平靜」──當然這樣還不夠，我還得繼續朝著「超越生死」的目標努力。

2009.06.05 記

# 「心茶瑜伽」修習記

洪啟嵩老師在其新書《喝茶解禪》中，提出了「心茶瑜伽」的觀點：

「瑜伽」是相應的意思，「心茶瑜伽」是指在喝茶的靜境中，透過茶與心的交融、應和，達到「心茶合一」的「覺明禪境」。從泡茶、喫茶的過程中，回觀自心，六根與茶的相應，回到心和茶的交融相應，身心舒暢、意識清明、心與茶完全統一和諧了。我們的心和宇宙，透過茶這個美妙的媒介，不再有距離；心和茶，如同兩面清亮的明鏡，相互映照，幻化出無比美麗的世界。

閱讀之後十分心動，於是泡了一壺茶，試著放鬆心情、放下一切，心頭清明地飲下一口茶水。茶水順著舌根進入喉嚨，茶的甘洌與清明的心，兩者應和、交融、繼而幻化出一個「十分奇妙的美好」，滿是舒暢、喜悅、美妙，除此再無其他。

我靜靜地安住在這「奇妙的美好」中，良久——良久——

喔！禪師所言甚是：「心和茶，如同兩面清亮的明鏡，相互映照，幻化出無比美麗的世界。」

回顧平日的喝茶經驗——

當我忙著事情、心不在焉地喝茶時，只有少分感受到茶的滋味。

當我放下事情、專心品茗時，就能較多分地覺察到「茶的滋味」以及「茶香沁入肺腑、舒暢氣脈」的感受；而且越專心，感受越深。這是我曾經有過的品茗高峰經驗。

相較之下，今天的體驗顯然更勝一籌。因為今天「我的心」、「品嚐」、「茶味與茶香」這三者，不再鼎足而立；經由「品嚐」，「我的心」與「茶味、茶香」相應、交融、幻化成為一個「奇妙的美好」；「三者」全然混融成為「一個」、除此再無其他——這是相當特別的體會，原來「我的心」、「品嚐」及「茶味、茶香」，這三者的本質並非固定不變，因此「三者」得以混融成為「一個」。

這個經驗相當重要：親自看到「我的心」消融，這讓我對於「心」的執實更鬆動了；親自看到心、茶全然混融成為「一個」，這讓我看到它們變遷不居的本質、也更多一分瞭解「三輪體空」的真義。


*禪師開示*
*你修行多年，至此驀直前行即是。*

2009.09.14 記

# 灰飛煙滅

夜晚作一怪夢。

夢中我到了一個十分荒僻的地方，有人指點我挖掘面前的一堆土丘，宣稱可以在裡面發現我的舍利罈。雖然覺得不可思議，我還是拿起工具挖掘。

挖了沒多久，土丘表層竟然整個垮了下來，赫然現出一堵磚牆；我接著挖開磚牆，發現磚牆後方竟然有一個又高又深的洞穴，洞穴深處有座雄偉高大的寺廟，而我開挖的位置，恰巧就是寺廟的靈骨塔，眼前層層疊疊都是骨灰罈，其中一個骨灰罈竟然清清楚楚標示了我今世的姓名。這簡直難以置信，我滿心訝異地打開這個骨灰罈，赫然發現罈中有一塊直徑約五公分、深紅色、質地似玉的物品——想來這就是那人所稱「我的舍利」。

「喔、我也有舍利！」心中一陣竊喜。

旋即警覺：「又落入執著囉，應該要破除執著！但如何破除？」

心中忖思：「將舍利粉碎，散諸天地，願有緣接觸者盡得解

脫。」

嗯、如是作夠氣魄，應該足以破除執著；但是心頭怎麼好像
鯁了一些不安？

我旋即明白：「還是『自我』在作梗」——將舍利粉碎散諸
天地，無異將「自我」粉碎散諸天地，這樣一來「自我」豈
不是灰飛煙滅？難怪心頭不安！

2010.02.02 記

# 放空與執著

半夜作了一個怪夢。

夢中，我搭乘的升降電梯突然故障、旋即以很快的速度向下墜落，我在車廂內呈現無重力飄浮狀態，四肢張開宛如一個「大」字。

電梯墜落的速度越來越快，完全沒有停止的跡象，我自忖必死無疑，心中不禁恐懼起來。

但是夢中我立刻醒悟：「臨終關頭、正是修行人的考驗！」

於是立刻提起正念：「不要執著這個我！既然因緣盡了、那就讓它隨緣而散吧！」

於是我立刻放下，但隨即發現：「還有一些執著凝在後心。」

於是我更徹底的放下，但後心終究有著一絲絲「緊」與「放不開」。

電梯終於重重撞擊地面，漂浮車廂中的我、跟著重重摔落，背部一陣劇痛、人就死了、散了，眼前現起一片漆黑與寧靜。

過了半晌，從這漆黑與寧靜中，幽幽冒出一個念頭：「啊——我散了！」

緊接著，從現前的漆黑中，居然重新浮現出一個「我」。

同時間、我悠悠夢醒，只見自己安然平躺在床上，後心隱隱疼痛，既是夢中摔的、也是過去幾週累積的疲累；但奇怪的是身體其餘部位卻宛如新生嬰兒般的輕鬆快適，所有的疲累都消失不見。

這是很奇特的經驗，事後回顧、我隱隱看到一絲線索——

只有後心疼痛，身體其餘部位則輕鬆快適。可能因為心輪正是最後那一絲「緊」與「放不開」的部位；既然這個部位沒有真正放空，所以摔得結實、摔得疼痛，其餘部位放空了，結果反而得到重生般的快適。

2011.11.14 記

# 「明空太極」修學記

法身常寂、明空宛然，照徹體前，了無初默，全覺明之照澄，
無初無念，不動遍覺法界。

——〈明空太極偈頌〉洪啓嵩禪師撰

聆聽洪老師講解「明空太極」的究竟祕要如下：

我們身體任何動作之前，我們的「心」完全是在一種覺悟的
狀況。

大家開始打明空太極或是做任何動作時（因為「明空太極」
已經貫穿一切，所以「一切動作都是太極」），我們是否能覺
察「我們身體的每一個動作」？也就是說「我們的心必須要
覺察到我們身體的每一個部分」。我們的「覺」可以穿透到
「自心」，穿透到最深之後，還可以穿透到整個世界，整個世
界就變成「完全統一、而且完全是空的」，所以「不動遍覺
法界」。

我們身心全部通透、心息脈身境到達最究竟狀況就是「法身
常寂」，這是講「法身、身土不二」，我們的身是法身、完
全透明、清晰；土就是淨土、常寂光土。法身與常寂光是種

光明的狀態；當我們達到這樣狀態時，我們一站，就感覺身體的粗質全部消失、整個世界都是一片光明、身心都是處在光明狀態──請大家注意，上述這段話是緊要的話（修行路上，聽懂緊要一句話，可以提前超越好幾劫成就），大家必須覺悟「我們本身就是法身」，有了這樣的覺悟之後，我們的物質身體、呼吸、心乃至外境，就種下了「光明的核心」；如果我們的心有了這樣的覺悟，在適當調練之下，很容易引發「虹光身」。如果我們腦中完全沒有這種覺察、完全不相信這些道理，那就不可能產生「虹光身」。所以我一開始就要讓大家身心落於「最究竟的寂滅」。

聽了洪老師精闢的解說後，親切憶起先前練習太極拳的經驗──某次練功結束、收功閉目、全身放鬆時，感覺自己與外界融為一相、內外一片光明、非常舒暢，雖然隱約還是存有自己的主體。

於是請教洪老師，我上述經驗中的「內外一片光明」，似乎同於「明空太極、身心都處在光明狀態」，不知兩者是否存在差異？


禪師開示
既然還存有「自己的主體」，那就不是法身，現起的光明也只是「定光」、不是「法身光明」。

聽了禪師開示，又親切憶起另一次練太極拳的經驗。

那次已經沒有感覺「自己的主體」，而是感覺「我是因緣大海中的一滴，我與週遭環境之間現起一個綿密複雜的網絡，不但固有的界限消失，甚至感覺到我與週遭環境氣息互通；我一舉手、一投足，同時也舞動週遭這一無盡的因緣大網、舞起波浪般真實的震幅，不斷向外擴散，為這因緣大海注入了一滴新生的動力」。

於是再度請教洪老師：「我上述經驗並沒有感覺自己的主體，這種狀態與明空太極又有何差異？」


禪師開示
雖然並未感覺「自己的主體」，但既然還有「分別心」，那就不是法身、就不是「明空太極」。

2014.07.26 記

# 慈悲要自在

別人有困難時伸出援手幫忙,這是人性善良的展現,但是如何拿捏適當分寸,卻是很大的學問。如果悲心太過會變成爛好人、甚至可能產生不良的後果;如果理性太過又顯得冷漠。雖然佛法提出「悲智雙運」以資平衡,但實際運作時依然不易掌握。

二○○八年去廣東南華寺參加洪啟嵩老師主持的禪七時,蒙洪老師開示:「首先要真實發願,其次隨緣要清楚、慈悲要自在。」雖然當時感覺很歡喜,之後回顧時發現還是不清楚「慈悲要自在」的意涵,於是再度請教禪師,對答如下。

師:「有什麼不清楚?」
生:「是意識層面的不清楚。」
師:「那麼『觀自在菩薩』是不是最慈悲的?」
生:「是的。」
師:「觀自在菩薩的『慈悲』跟『自在』是不是一體的?」
生:「是。」
師:「如果『自在不慈悲』不是很奇怪嗎?」
生:「如何是『自在不慈悲』?」
師:「『自在不慈悲』只有兩條路,一是外道、一是二乘。」

生：「二乘也不見得那麼不慈悲，至於外道就不清楚了。」

師：「外道可以舉大自在天為例。大自在天有能力，在他能力範圍內他很自在，但是因緣過了、他就不自在，因為超出他能力範圍了。真正的完全自在，要有慈悲心。」

生：「『自在要慈悲』這能理解。可是反過來『慈悲要自在』呢？」

師：「如果慈悲不自在，不是卡死了嗎？」

生：「是這樣，如果不自在，就會做得不如法。」

師：「過猶不及。」

生：「對，過猶不及。」

師：「『過猶不及』就顯得很怪，而且還很累、牽腸掛肚的。」

生：「是，是會被鉤住了。」

師：「這樣就不能三輪體空，不能『三輪體空』算什麼『真正的慈悲』？」

生：「不算。」

師：「『自在』是不是『三輪體空』？」

生：「『三輪體空』才有辦法『真自在』。」

師：「所以你這樣看『慈悲』就清楚了。」

生：「是。」

師：「喝個茶吧。」

生：「是、謝謝。」

師：「這樣是不是很好？」

生：「是、謝謝。」

聽了禪師開示，終於知道眉角所在了——「三輪體空」乃能「隨緣清楚、慈悲自在」；「施者、施予、受者」三者體性都是空寂、無自性，因此對這三者都不能執著、也無可執著。

接下來我就本著這個原則行事，於是對人、對事的固有執念減少了，觀照當下因緣的清晰度增加了，心中抉擇與決斷時的自由度隨之增加，施展悲心時自然變得比較輕鬆、自在而且恰當——這是很可喜的變化。

2014.08.09 記

# 恩恩怨怨都是幻

凌晨做了一個奇怪的夢。

夢中我是一個為父報仇的兒子；因為父親被人砍死，所以我帶刀前往父親生前上班的公司尋仇。進入辦公大樓後，我逐間逐間找尋仇人，但是我還沒找到、就有人向我投擲麻醉箭，幸虧都沒有砸中。這時公司的老闆娘也來了，我將父親慘死狀況告訴她，她聽了很驚訝、也很同情，但是因為仇人當時不在辦公室，所以她就指點路線讓我先行撤離，於是我依指示撤離，不料剛撤到外面就發現被一片建築物擋住了，於是我轉身另覓途徑，不料卻看到對方緊急施作圍籬、想要將我圍困。看到這狀況，我就急著想法子脫困。

在此緊急時刻，心中突然浮現一念：「恩恩怨怨都是幻、放下心中報仇的念頭才是正辦哪！」

接著，「大悲如幻三昧」的名稱清清楚楚浮上心頭。多年前曾經聽聞洪啟嵩老師講授「大悲如幻三昧」法門，夢中的我雖然無法掌握法門內涵，卻逕直執取法門名稱「大悲如幻、大悲如幻、大悲如幻……」。

接著，我在夢中開始思惟「如幻」的意涵：「如幻者、一切

如夢幻泡影。」

然而殺父之仇不共戴天，如何能「如幻」呢？

不過，終究我還是試著放下父仇。

接著，奇妙的事情發生了——我背部舊傷所造成的筋肉緊繃，居然鬆開了、背部氣息流動了、舒暢了。而後我就從夢中悠悠醒轉。

這是很奇怪的夢，先父明明是因病往生，怎麼會演變出這麼血腥的情節？夢中又為何現起「大悲如幻」的法門？

### 禪師開示
你的身體都是恩怨情仇所形成。然而「心如、氣鬆、脈柔、身空、境幻」，所以當你的心開解、瞭解「一切如幻」後，體內的氣就能通達，你的「脈、身」當然也能改善。

因此，合理的狀況就是「放鬆、不緊張、沒有恐懼」。

2015.02.11 記

# 要與他人同體感受

夜裡睡不著，於是躺在床上練功，練習將七個脈輪對應的脊椎骨節向下放落。放著、放著，忽然心眼之前浮現了一個影像──一隻眼睛。剛開始影像有點模糊、繼而轉為清晰；這隻眼睛的眼神先是平常一般，繼而轉變成怨恨與仇視、狠狠瞪著我。

過去遇到這種情形，我不是避免與其對看，就是以觀想的方式、把影像轉化成別的狀況。但因連日來持續思惟「大悲如幻」的道理，心中不斷執持著「如幻」的正見「一切如夢幻泡影」，於是今夜改變了作法，我驀直面對這隻眼睛，並以心念將如下意念傳達給對方：「你我過去或有過節或仇怨，但是一切如夢幻泡影，就讓你我放下仇怨，同登平靜安和之境吧。」

過了一會兒，那隻眼睛當中的怨恨與仇視逐漸淡化、眼神逐漸平靜，最後整個眼睛倏然消失。接著我感覺背部乃至全身頓然一鬆、氣息通暢了，全身十分舒服。

這件事令我親切憶起多年前的往事。二〇〇一年因公出差高雄甲仙，在甲仙公園看到了噍吧哖抗日志士紀念碑，由衷生起欽敬與悲憫，於是隨緣施法濟度那些悲壯犧牲的抗日志士

亡靈，礙於當時自身能力有限，濟度不成、狼狽而退。事後將情形稟陳禪師，蒙禪師開示如下——

濟度亡靈必須基於「對空性的理解」及「悲心的作用」，不但要讓對方感覺到我們的真誠，同時還要能與對方有「同體的感受」，不能流於「表相的同情」，這樣對方才會受到感動、而放下心中的怨懟仇恨。此外，在濟度亡靈時，如果我們是以心念直接面對他們，其效果遠勝語言，因爲兩者相較，語言經常顯得魯鈍笨拙，往往我們講了半天，對方還不見得明白——以上這些，就是你要繼續去增長的。

今夜我終於體會禪師上述開示的深意了。因為上個月在夢中認取「仇恨如夢幻泡影」，於是放下了「殺父深仇」；正因為我自己超越了深仇大恨，才有能力「同體感受」對方的苦痛與悲情，在這種狀態下生起的心念才有了說服力、能感動對方放下怨恨與仇視。

2015.03.05 記

# 生命需要停聽看

聆聽洪老師宣講「智慧拙火瑜伽」——

我們必須從體性當中生起拙火——「沒有任何分別心、無念、無造作」,身心完全寂靜。這要如何體會?且講一個禪宗的故事,讓大家理解。

當初六祖惠能大師得到五祖衣缽後南行,卻被眾師兄追逐搶奪,眼看惠明就要追到了,惠能把衣缽放在大石頭上,自己躲藏草莽之中。惠明追上來看到衣缽就搶,不料提不動,惠明很聰明,立刻改口:「行者,我為法來,不為衣來。」於是惠能現身,惠明作禮說:「請行者為我說法。」惠能說:「你既為法來,可屏息諸緣,勿生一念,我為你說。」良久,惠能對惠明說:「不思善、不思惡,正與麼時,那個是明上座本來面目?」惠明言下大悟。

這個「無分別心、無念、無造作」,就是你的本來面目!所以一開始就要「屏息諸緣、勿生一念、良久」,「在無分別當中、良久」,把身心的分別都停下來。

所以現在大家沒事,就不妨「良久」一下。尤其是看到手機裡面顯示訊息時,不要馬上回應,不妨「良久」一下;處理

任何事情，先讓心寂滅一下，這樣的訓練很重要。我們修行人要學會「停、聽、看」，像過鐵路平交道一樣，這是訓練自己不落入「輪迴」。

「輪迴」不是「我要不要落輪迴」，這概念是錯誤的！
「輪迴」是「現在你有沒有落輪迴、當下你有沒有落輪迴」？
如果「你當下落輪迴」，就不要想「你以後不會落輪迴」。
或謂：「我現在修很多法，不落入輪迴。」
這話是對的，但問題是雖然你修法以對治不落輪迴，但如果現在「你所有的反應」都是輪迴的，那麼修這些法有何用？

「輪迴」是什麼？「輪迴」是「一個很微妙的習慣」。「輪迴」它有兩個特質：第一個特質是「無明狀態」，第二個特質是「當下起作」；所以「輪迴」就是「無明的慣性」。

「無明的慣性」太厲害了，如果我們平常「輪迴」慣了，到了臨終一定「搭錯車」；一旦上了車、等到你發現時，才知道自己是在馬航MH-370失事班機上，而且已經飛離地面無法下機了。所以建議大家平常就要「停、聽、看」。那要怎麼停呢？這就需要訓練——任何事情來了，一定要馬上「清楚」、不要馬上「反應」；心要「像明鏡一樣、很清楚」！
或謂：「這樣就不能迅速決斷了。」
答曰：「輪迴的反應」無關乎「迅速決斷」。「輪迴的反應」是「輪迴得很快」、不是「反應得很快」。所以我們心裡要很清楚，隨時隨地、碰到任何事情，都要讓心清明，看著它、

而後決定怎麼作，不要「跟著它去」！

你如果這樣「不斷地脫離無明的習慣」、不斷地「學習、訓練」，你的定力、智慧與悲心會越來越深，到後來碰到狀況時，你就有能力跳開、不落入輪迴。
或問：「那麼，要從什麼時候開始？」
答曰：「現在！現在就要開始！」
或問：「那麼，現在要作什麼？」
答曰：「任何時候都要練習『無分別心、無念、無造作』，任何時候都要練習『良久』！有事情的時候，當然需要『運作』；但是運作時心不要被牽著走，而是『心很清楚地看著它』。沒有事情的時候（譬如搭捷運或公車時），請大家練習『良久』、讓心全部放下來；可以是禪觀、也可以不是禪觀（就只是把心放下來），讓心『連不作都不作』，這時候『解脫』有份！」

禪師的開示十分精闢而且應用簡單，立刻想到好友蓓珍的個性一向衝動，這個方法應該會有幫助，所以立刻轉介給她。

沒想到才過了幾天，她竟然傳回令我驚喜的消息。她告訴我，這方法不但改善了她的人際關係，更讓她體驗到前所未有的寧靜、清明與快樂。我立刻敦請好友記錄她的覺受——〈靜心的覺受〉（如下文），以見證這個方法的效驗。

2015.05.01 家康記錄

# 靜心的覺受

（以下為好友蓓珍自述其依洪禪師的方法修持的心得）

自己的個性，衝動、缺乏耐性、自我、好辯、粗枝大葉、說話欠考慮、又很會鑽牛角尖，因此跟已成年女兒的關係十分緊張且疏離。

家康傳來洪老師授課內容，說是找到了對治我衝動個性的方法。那天我們在 LINE 中談了「停、聽、看」、也討論到「良久」。家康解釋「良久」就類似靜坐，把心沉靜下來，而「停聽看＋良久」可以幫助我心中的智慧發生作用，就能安定、清明。

在初始練習家康告訴我「停三秒」的過程，我就感受到很明顯的好處；不管是跟同事或女兒的相處，停下三秒後，少了衝動，負面的情緒沒有了，原本的怒意與擔心也都消失了。這樣的改變大大的改善了我跟同事的關係，女兒也開始跟我親近起來。

三天後，上班的路上，一樣的時間、相同的公車，如往常挑了一個自認為好站的位置，隨著公車搖搖晃晃的往汐止辦公室的方向前進。上了環東之後就要直駛南港軟體園區了；就在此時，我第一次什麼都不想，但也不是發呆，而是專心的

注視著窗外的景色，欣賞著綠油油的草地，看著小貨車行駛在蜿蜒小徑，看到被風吹著層層擺動的樹葉，感受到很強的生命力。來汐止上班五年了，第一次體驗到這樣的寧靜跟快樂。那是一種單單純純、實實在在的快樂；原來只要心靜了、就安心了。

當天就跟家康分享我在公車上的經歷與覺受。家康覺得驚喜，直說這會是我人生下半場的重要轉捩點，我才知道原來這將會是一件影響我生命的大事。家康點出了其中的意義：

一、佛法強調人的寧靜快樂不假外求，不依靠外在的財富、愛情、聲名，而是要「向內追尋」，放下對外界的一切攀緣後，自然得到。

二、「佛法並非虛無飄渺的清談、佛法是可以落實在生活的」，這樣的覺受是支持我繼續學習的堅實基礎，可以讓我的生命越來越寧靜、越來越快樂、越來越智慧、越來越慈悲。

以前的心一直處在不安的狀態，所以對未來有很多無知的害怕。因為害怕所以衍生出很多的無明。現在清楚了，原來真正的快樂是來自內在的寧靜，不會因為外境的變化而失落、沮喪。了解外在的一切都是虛幻的，都是因緣條件組合而成的，無論是錢財、房屋、權力、地位，乃至於親人，既然因緣變化是正常的，這樣就不需執著，不執著、心就安了，心安、就自在了、就自由了。

自從公車上經歷這樣的心境後，人生突然充實起來，每天都快樂得不得了。更棒的是，突然間可以看到很多以前看不到的事，以前不懂的也都變得清楚了，就好似眼前的紗被層層揭開了，智慧開啟了、清明了。

以前常聽的一句話：「自己先快樂了才有能力給別人快樂」，每個字我都認得，內涵卻模糊。現在我真的、真的懂了。從今以後我的人生再也不會像以前只是吃飽等死，有很多有趣的事等著我去探索。家康說我的領悟會像滾雪球般的越來越清楚，我也希望自己真的能愈來愈有智慧、愈來愈自在、愈來愈清明。

有了上述經歷後，有幾次想要試著再次進入那天寧靜的心境，但卻無法實現，或許「想要」就是雜念、「想要的念頭」就是一種執著吧！

2015.05.15 蓓珍記錄

# 放下才是

晨起出門到運動場走路，深深呼吸著新鮮的空氣，感覺十分
清爽舒適。

「咦！空氣是從鼻孔的中央出入，這是中脈呼吸，難怪那麼舒
暢」，我如是覺察。

接著我就開始觀察分析：「為何呼吸從中脈出入？我身心是
處於何種狀態，才得以如此？」

這一觀察分析就完了，呼吸不再從中脈出入了。

咦——怎麼會這樣？

喔——對了，這是分別心所造成的，一開始觀察分析、就起
了分別心。

所以，試著回復不起分別心的狀態吧，可惜努力許久都沒有
成功。


午後複習洪老師講述《華嚴經》最根本的概念；

「若起不起、不起即是性起」；

「分別心」不起，這時候「法界體性」就現起了。

這是《華嚴經》最核心的「性起」、「法界緣起」。

此刻我對上述道理有了更親切的體會——

現在我知道何謂「分別心不起」了;我看到「分別心不起」時「心中清明、氣入中脈」的狀態了;我看到自己習慣性去觀察分析,所以無法安住於「不起分別心」;我更清楚看到自己努力許久都無法回復「不起分別心」的窘狀,無法回復乃是必然,我應該「輕輕放下」才是。

禪師開示
「放下」才是。

2015.11.30 記

# 心中要常生法樂

「毘盧遮那佛於內心證得金剛嬉戲法樂幖幟三摩地智，自受用故，從金剛嬉戲法樂幖幟三摩地智，流出金剛嬉戲幖幟光明，遍照十方世界，供養一切如來，及破凡夫貪染世樂，獲得嬉戲法圓滿安樂，還來收一體，為令一切菩薩受用三摩地智故，成金剛嬉戲天女形菩薩，住毘盧遮那如來東南隅月輪。」

——《略述金剛頂瑜伽分別聖位修證法門》

參加「金剛頂瑜伽分別聖位修證法門」課程，洪老師精闢地解說經文如下：

「毘盧遮那佛於內心證得金剛嬉戲法樂幖幟三摩地智」——成身會前廿五尊，包括五方佛、四親近菩薩及十六菩薩，是代表我們心裡面主體性的智慧跟慈悲、以及伴隨著主體性智慧慈悲的眷屬。這是我們心內所有屬於分別意識的狀態，經過轉識成智後，心裡的任何情緒、任何執著全部都轉掉了，轉成一個完滿的智慧的增上。在這種狀況下，我們心裡會產生無比的喜悅，這種無比的喜悅伴隨著一種歡樂、一種欣喜。這個喜樂不是一般的喜樂，一般的喜樂是一種分別心之下；因為我們開始修行時是處於「欲界狀態」，身心飄盪、喜樂

跟煩惱會互生，這是人間最典型的狀態。然而前述這種無比的法樂，可以破除凡夫貪染世樂。

人生蠻辛苦的，但是成為一個人，能無怨無悔地為所有的人承擔，是因為你心中有了強烈的幸福與智慧悲心；所以這樣你就知道怎麼運作你的心、怎麼創造你的幸福；幸福不能有其他的條件，幸福必須依止在你的純然心的決定。

當五祖叫六祖去作務時，六祖說：「弟子心中常生智慧，未審和尚教作何務？」所以，你的心在那裡？你的心是不是活泉？你現在坐下來、定下來，你的心中會不會常生法樂？這叫做「現法樂住」。我們要認知「喜樂不必由人」！這才是心裡的悲智力量來源。

禪師的解說令我親切憶起一九八八年參加洪老師主持的禪三的經歷：

那次禪三的最後一支香，我採用了跟自己比較相應的不淨觀。我循序觀想自己的肉身腐爛、壞散、化成白骨；大地野火燎原、白骨為之燒壞成灰；大地吹起狂風、骨灰隨風四下飄散、不見蹤影，於是四下空空無有一物可以依止、無有一物可以執取。不久之後，在這種空空無有一物的狀況中，忽然覺得：「原先自己身體所在位置的中央，現起一條明亮的垂直光柱，伴之而來的還有一種前所未有的快樂」──那種快樂厚厚實實、綿綿密密，遠遠超越我此生所經歷過的一切世間欲樂，妙不可言。我確切知道那種覺受絕對不是我的想像，因為那

是我今生從未經歷過、從來不知道、也根本無從想像的一種覺受，而這個覺受也讓我親身體會——「法樂勝於世間欲樂」。

禪三結束返回職場後，我更驚喜發現，工作效率至少提升了好幾倍，因為氣脈通了、頭腦運作速度至少提升了好幾倍，思考事情毫不費力。這種不可思議的覺受完全超乎想像，這次覺受讓我清楚知道——「修行真的會讓我變得快樂且聰明」。


上述經歷對我之後的生命產生了極為深遠的影響——

之後廿八年，在職場上我善盡本分、努力工作，名利得失之心則淡了；在紅塵中我認真過活，對於世間欲樂的貪戀則減少了；只因心中清楚知道：「世間的名利、欲樂並非上乘，更不是唯一值得追求的；還有更殊勝的法樂與生命智慧值得我去學習與開啟。」因為有了如是認知與體會，心中的負面情緒少了許多、生活也變得比較輕鬆自得。

「喜樂不必由人；幸福不能有其他的條件、幸福必須依止在自己純然心的決定」，禪師所言甚是！同時這也再次提醒我後續的努力方向——「心中要常生法樂、要現法樂住。」

2016.02.09 記

# 於法塵中從定出

於眼根中入正定，於色塵中從定出，示現色性不思議，
一切天人莫能知。
於意根中入正定，於法塵中從定出，分別一切諸法相，
諸天世人莫能知。

——〈賢首品〉

聆聽洪老師解說《華嚴經》〈賢首品〉如下：

於眼根中入定、色塵中出定。因為你們自我防衛力不足，剛
開始不要看壞的東西，否則眼根入定、從壞人出定，就變成
了壞人，那不是慘了？所以要有方便，請大家先看佛像的眼
睛；但不要盯著看、那沒有用；盯著東西看、眼根就被色塵
拉走了。因為「眼覺不滅、眼根覺性不滅」，眼睛不必盯著看、
就看到。

所以首先眼睛鬆開、不要盯著東西看；眼睛放下、放空、不
要盯著東西看，就看著佛的眼睛，這是一個最好的因緣；你
的眼根入定、佛陀的眼睛中出定。

這樣，「我」——消失啦！

「我」在那裡？——「佛陀的眼睛」是你！

人被困在自己這「假我」裡面，多久了？

啊！原來如此！「於眼根中入正定，於色塵中從定出，示現色性不思議，一切天人莫能知」；色是空的、眼根是空的、「我」也是空的！

於意根中入定，從法塵中出定；你現在想到什麼、就從你所想的東西裡面出定；這真是不可思議啊！


聽了洪老師的解說，沉積多年的疑惑終於開解。

一九九四年三月參與洪啟嵩老師講授的「禪定學」課程，開講前眾學員依循老師指示、靜坐片刻。

當出定的磬聲響起，我就動念出定；這時一念生起，念到同修詹師兄；接著睜開眼睛，赫然發現自己變成了詹師兄、而我自己（邵某）卻遍尋不著。一時心中十分驚駭，立刻檢視全身上下，結果發現依然如故、沒有什麼不一樣，這才放下心來。接著抬眼正巧看到詹師兄從我前方二公尺的地方橫過。這情形實在很怪異，於是再度反觀，結果依舊「實然感覺自己是詹師兄」、而不是邵某，縱然詹師兄本尊就在我眼前忙來忙去。因此，這時禪堂裡同時存在著兩個詹師兄，一個是忙著作事的詹師兄本尊，另一個則是坐在禪眾當中、打從心底感覺「自己實然是詹師兄」的「我」。這種覺受很怪異、卻又很實然，前後持續了約十分鐘。

因為一向苦於無法「想像」洪老師宣說《華嚴經》「由Ｘ入定，

由 Y 出定」的境界，因此我確定「這絕對不是自己編造出來的覺受」。當時曾將這情形稟陳老師，老師也很慈悲的開示：「法界本來就是『我不可得』，你之所以驚惶失措，是因為『我執』太重的緣故。」

洪老師開示得很清楚，可惜我聽完了還是無法想像「怎麼會這樣」？

事過廿二年，如今再次聆聽洪老師解說，欣然有了不同的領會。因為現在我已體會：「『自我』乃是自己建構出來的假象、是虛幻不實的；當妄念沉澱、自我就無由生起。」

既然「自我如幻」，乃可隨緣幻化成不同的狀態；因此當年我動念出定時，一念生起、念到了詹師兄，就從詹師兄出定、實然感覺自己變成了詹師兄——所謂的「於法塵中從定出」，原來如是！


禪師開示
先這樣子。

2016.05.21 記

# 你跟你自己的距離

如是我聞：「一時，薄伽梵在王舍城鷲峯山頂，於最清淨甚深法界，諸佛之境如來所居。」

——《金光明最勝王經》〈序品第一〉

聆聽洪老師講述《金光明最勝王經》的究竟意旨如下：

「佛陀在靈鷲山頂，進入最清淨甚深法界」——這跟空間已經沒有什麼關係了。

「諸佛之境如來所居」——「如來住在這邊」是外相，「如來所居」在那裡？

我們現在就進入靈鷲山，把這裡等同靈鷲山，這是沒有問題的！它們兩者的距離，剛好是「你跟你自己的距離」！

或問：「你跟你自己的距離多遠？如何消弭你跟你自己的距離？」

答案是：「最清淨甚深法界，諸佛之境、如來所居；我消失了、無所從來、無所從去，這才是如來所居。」

聽完禪師解說、心中十分歡喜——「我消失了、無所從來、無所從去，就是如來所居」，關鍵就是「我」；只要「我消失了」、我跟我自己的距離就消弭了，這樣就是「如來所居」，

121

實在太妙了！我隨即親切憶起二○○○年時的那次經驗：

清晨一覺睡醒，睜開眼睛，還平躺在床上，全身上下的第一個感覺：「咦；我本來就是不動明王嘛！」

這種實然、真確的感覺，既不是觀想、臆想所生，更不是作意、造作而來，純粹是自然現起！可是問題來了，如果說「我本來就是不動明王」，那麼平日所熟悉、所習慣的「自我」，又是什麼？

仔細一看，原來「『自我』乃是在這個『本來就是不動明王的我』之上，另外添加了一些情緒以及觀念等『要素』而生成的」！然而在此當下，平素常相左右的那些「另外添加的情緒、觀念等要素」都不見了。既然少了這些組成要素，「自我」就根本「無由生起」！於是現前只剩下「本來就是不動明王的我」——喔、「自我」原來是虛幻的！

由此聯想，想要達到禪師所說的境界，好像並沒有那麼難，只要放下「自我」就是了——「我消失了、無所從來、無所從去，就是如來所居」。
或謂：「不動明王與如來不同！」

但是回顧禪師的下列開示，清楚說明了「兩者只是因緣不同」——

雖然體性寂滅，但為了因應因緣上的需要，可以現起本尊，

無論我是釋迦牟尼佛、我是觀世音菩薩、抑或我是不動明王都可以。但依個人因緣，想要是什麼本尊、就是什麼本尊；因為萬物萬相都與空性相契。

所以，「放下自我、我消失了、我跟我自己的距離消弭了，這就是如來所居」——我如是認知、如是歡喜。

2016.06.25 記

# 諸佛體無有異

一切如來有三種身。云何爲三？一者、化身，二者、應身，
三者、法身。如是三身具足。攝受阿耨多羅三藐三菩提，若
正了知速出生死（中略）……

是法身者，惑障清淨能現應身，業障清淨能現化身，智障清
淨能現法身。譬如依空出電，依電出光，如是依法身故能現
應身，依應身故能現化身。由性淨故能現法身，智慧清淨能
現應身，三昧清淨能現化身。此三清淨，是法如如，不異如
如，一味如如，解脫如如，究竟如如，是故諸佛體無有異。

——《金光明最勝王經》〈分別三身品第三〉

聆聽洪老師宣講《金光明最勝王經》如下——

眾生與佛因緣相應時，佛出現化身。爲何有化身出現？因爲
佛過去修行有個樣子！例如，藥師佛發願以醫藥度眾生，於
是藥師佛依醫藥修行成就。所以每一個佛成就都有個入手處、
因緣處，這就形成他的特性、而這特性就是他的化身。

試問：「阿彌陀佛是不是釋迦牟尼佛？」

這問題問阿彌陀佛就知道了：「不可能不一樣嘛！」

原來「你跟諸佛體無二、一切諸佛體無二」——這是最重要
的體會。

在此送給大家最好的一句話就是「阿彌陀佛跟釋迦牟尼佛，是一是二？」對你們來講，這是破除你們惑障、業障、智障的方便哪！這是一個話頭吧！

禪師的話令我震撼，阿彌陀佛跟釋迦牟尼佛明明是兩尊不同的佛，怎麼可能一樣？但經文寫得分明：「諸佛體無有異」，這又是怎麼回事？

回家後再次複習如下經文——

「云何菩薩了知化身？如來昔在修行地中，為一切眾生修種種法，如是修習至修行滿，修行力故得大自在。自在力故，隨眾生意，隨眾生行，隨眾生界，悉皆了別。不待時，不過時，處相應，時相應，行相應，說法相應，現種種身，是名化身。善男子！云何菩薩了知應身？謂諸如來為諸菩薩得通達故，說於真諦，為令解了生死涅槃是一味故，為除身見眾生怖畏歡喜故，為無邊佛法而作本故，如實相應如如、如如智本願力故，是身得現具三十二相、八十種好、項背圓光，是名應身。善男子！云何菩薩摩訶薩了知法身？為除諸煩惱等障，為具諸善法故，唯有如如、如如智，是名法身。前二種身（化身、應身）是假名有，此第三身是真實有，為前二身而作根本。」　　　　——《金光明最勝王經》〈分別三身品第三〉

啊！懂了。原來平常看到的阿彌陀佛、釋迦牟尼佛都是化身，因此外相不同；然而諸佛是以法身為體，所以「體無有異」！明白了這個道理，不禁啞然失笑。

長久以來早已習慣於禮拜佛龕上一尊尊具體的佛菩薩，心上烙印了諸佛菩薩各各不同的印象，今天禪師送給大家的話：「阿彌陀佛跟釋迦牟尼佛，是一？是二？」，著實重重地敲醒了我。

「諸佛法身無相」這句話耳熟能詳，我卻沒有聯想到「諸佛以法身為體」；如今一時明白，心中不禁生起歡喜——「一朝開悟證入法身，我與諸佛體無有異」；然而就法性義，一切因緣所生、體性空寂，我的體性亦空，因此目前的我也與諸佛體無有異。

2016.06.25 記

# 境界如夢幻泡影

聆聽洪老師宣講《阿彌陀經》如下——

修行不要只是讀誦經典、禮拜、作早晚課、作法會而已，而是理解之後，要把它變成生活中的一部份、要去實踐，這才是佛法！讀阿彌陀經，就要以阿彌陀經作為我們的生活，不要只有早晚課時是佛教徒、也不要只有在禪堂是佛教徒，我們要當廿四小時的佛教徒，如何作？

首先，我們深信佛法，其次我們瞭解正法，正法就是緣起法；再來實踐上，就要以佛菩薩及經典作為我們的典範，就是我常說的「佛經生活化」。

我讀經典時，不只是讀經典的文字「如是我聞，一時，佛在舍衛國祇樹給孤獨園……」，我是想像「釋迦牟尼佛在那裡打坐、講經，佛陀現身出來了、無邊的莊嚴境界顯出來了」，我一邊讀經一邊就把這情景顯現出來，不只是影像而已（影像是第二層次的），而是你的心裡要跟它相應！所謂「觀想」的意義是什麼？很多人以為「觀想」是「把東西想出來」，這不是究竟的，真正的「觀想」乃是「把心想出來」，所以真正的觀想是「觀心」！心經「觀自在菩薩行深般若波羅蜜多時」，就是在觀心——觀、能觀自在，你就是「觀自在菩

薩」。所以這些事情都是你生活中的一部份，這才是讀經典、看經典的意思，我們一看就進入二千六百年前那個時空，跟釋迦牟尼佛在一起，這是多麼美妙的事情，所以經典就是生活化！對一個修行人而言，時空穿越劇本來就是我們日常生活，只是不要到最後搞不清自己是那一國的人，我們必須很清楚的「一身同處十法界、十法界同處一身」，清清楚楚明明白白「在時空中我們扮演什麼角色」。

我們讀這經典時，我們是在學習，我們觀想回到二千六百年前，在祇園精舍聽聞這個經典，我們就是這經典裡面的一份子——聽、看、懂。

開示悟入——佛陀打開了這個境界、展示了這個境界、我們了悟這個境界、我們進入這個境界、跟佛陀完全一樣，這叫做「三密相應」。

我們進去學習、瞭解之後、回來當下的世界，現在讀阿彌陀經、看到當下這世界則是混亂的；然而佛陀是如何看待這世界呢？「如佛按指，海印發光」，在一個深密的境界中，這個世界乃是淨土，淨土與混亂的世間同時存在，兩者相雜、卻不會影響你的生命主體。

很多修行人落在這裡、把兩者搞混了；譬如觀想淨土，現實世間又如此混亂，於是他把現實世間某些東西轉成淨土，然而這樣作純屬胡思亂想；他應該「安住在淨土」來生活在這世界，可是他的頭腦搞錯了；譬如：面對別人時，他尊重別

人如佛（這是要的），然而事情還是要依照世間法則運作、但心中要有慈悲心，這樣就沒有衝突；然而他卻堅持他所想像的，可是他所想像的不見得是實相、往往跟世間一般運作差很遠，這種狀況是很常見的；之所以會這樣，其實是因為他不瞭解佛法，於是變成胡思亂想；太多的經驗、可是他無法分辨；他看到了境界，卻不知道那是如夢幻泡影、是不能執著的。

上述開示令我親切憶起多年前修學《觀無量壽經》的經驗——

當時依《觀無量壽經》方法觀想，起定後感覺當前的靜室就是極樂淨土，心中充滿了平靜的喜悅。離開靜室走到外面大馬路時，仍舊實然感覺「現前就是極樂淨土」；縱然馬路上汽車奔馳排出的廢氣依然令人掩鼻，人行道上的紅磚地面依然不平坦，但我心中完全不受影響。有了這次經驗，我恍然明白「心淨，則國土淨」的道理。心中不平坦、不清淨，所見終是礙眼、不淨。心中清淨，萬法無礙！當然這是就法性義而言，因為一切都是因緣所聚，所以現前一切圓滿、所見國土自然清淨！但就緣起相而言，汽車排放的廢氣污染、當然需要改善；破損的紅磚人行道不利於行、當然需要整平。

當年清楚知道「淨土與現實世界並存時、應依照現實世間法則處事」，並沒有把兩者搞混。只是有過這種體驗後，就會經常提醒自己回復「心淨」，於是處理事情時平添許多沉穩

與善巧，不但事情變得比較容易處理、其結果也比較恰當。
不過當年對於「淨土與現實世界並存」現象的瞭解相對粗淺，
如今禪師的開示令我得以更清楚瞭解：

我們必須很清楚的「一身同處十法界、十法界同處一身」，
但清楚明白「在時空中我們扮演什麼角色」、不影響我們的
生命主體；我們看到了境界，也知道「境界如夢幻泡影、不
能執著」。

2016.07.02 記

# 產生「自我」的機轉

性覺必明、妄爲明覺、覺非所明、因明立所、所既妄立、
生汝妄能。

——《楞嚴經》

聆聽洪老師引用《楞嚴經》來解說「自我」的產生機轉。

「性覺必明」—— 因爲「覺中必明」。

「妄爲明覺」——
「妄」者，我們起了分別心；
「明」者，我們心「明」的作用；
「覺」者，本來有「明」的作用力的「我們本心」；
「明覺」者，用我們心「明」的作用要去「覺」我們本心；
「妄爲明覺」者，我們起了分別心，用我們心「明」的作用力、
要去「覺」本來有明的作用力的「我們的本心」，這樣一來
整個顛倒了，這種分別心的顛倒。

「覺非所明」——因爲「覺」不是一個有自性的東西，所以
「覺」非你「所明」。

「因明立所」——你卻因這個「明」建立「所」，然而「建立這個所」乃是幻想；「明」它投射出幻境、幻影，「所（宇宙虛空）」是由「明」所投出的幻影，勉強來講：「這個宇宙是我們集體的潛意識、我們共業所成」；所以我在此建構一個名詞「心、時間、空間的複合體」。

以上「妄爲明覺，覺非所明，因明立所」三句，就是我們的妄心。

「所既妄立」——「所、這個世間、你共業所成的世間」，是由大家共同投射出、而讓它堅固；但是它堅固嗎？不堅固！大家投射出一種物理現象、一種心的投射現象、一種時間的運作狀況、成住壞空、生住異滅。

「生汝妄能」——在這裡，你去投入在「你自己所演化的幻境當中」，我們自己去演化出「在幻境裡面」；本來我們是大海、我們卻投入在冰山裡面；我們是大海、卻結冰說我們是冰山；我們從大海的立場、變成冰山的一部份；冰山水面下是無明的部分、是我們搞不清楚的，所以我們演化成冰山水面上的那一塊。「生汝妄能」、就是從大海裡面長出冰山；原本你是大海（這是形容詞）、長出了冰山，結果你說你是冰山（就是「能」），所以生出「自我」，這就是「生汝妄能」。

所以，產生「自我」的最重要機轉在於「妄爲明覺」——我們起了分別心，用我們心「明」的作用力、要去「覺」本來有明的作用力的「我們的本心」；這樣一來整個顛倒了，因

為這個「明覺」建立了「所、對象、宇宙虛空」，相對於此而產生了「自我」。

聽了洪老師的解說，令我聯想到量子力學中的「波包塌縮」：

用測量儀器對量子世界測量、提取信息，但是測量儀器作用到量子世界時會讓「波包概率」塌縮到一個確定的值，這個過程叫「波包塌縮」；亦即「波包」的諸多概率，一測量就塌縮到一個確定的值，下次再測量又塌縮到一個確定的值，但兩次的值可能不一樣。

對照前述洪老師的解說與「波包塌縮」現象，我看到了這兩者之間的共通點──「兩者都是因為『觀測』、而產生了改變」。

「妄為明覺」者，因為想去「明白」，於是脫離了「法性大海」、產生了「自我」。

「波包塌縮」者，因為去「測量」，於是「波包概率」的諸多概率塌縮了、產出一個確定的值，但是這個值只是諸多概率中的一個、而且下次測量的值可能不一樣。

所以，放下想要去「明白」的習慣，學著「覺而不受、心如明鏡般」生活，才能逐步破除心中的「自我」、回歸「法性大海」。

禪師開示

量子力學幫了你瞭解我所講的佛法，現在你心中的「那個」
已經破除了。

2016.09.10 記

# 禪是平常事

閱讀《碧巖錄》,其記述圜悟克勤在五祖法演座下學習的狀況。

一天晚上,克勤、慧勤、清遠三位弟子陪同五祖法演在山亭上說話。到了該回去的時候,燈籠裡的油燒完了。

五祖法演在黑暗中對他們說:「你們三個人各就此情景下一轉語,我要看看你們的境界如何?」

慧勤說:「現在好比五彩的鳳凰,在青天上翱翔。」意謂在黑暗中要看見光明,可見其手法非凡。

清遠說:「這時好像一條鐵石般的巨蟒,橫在古道之上。」意謂暗中有物,這種境界也不俗。

看到這裡,雖然無法理解慧勤與清遠的境界,但直覺他倆不夠落實,禪應該要落實在生活才對!至於如何才是落實在生活的恰當轉語,我卻又說不上來,只好繼續往下讀。

克勤說:「注意腳下。」

讀到此句,頓時為之大喜、叫好;暗夜行路、避免摔跤、自當注意腳下──就是要這樣落實在生活啊!

繼續往下讀：

五祖法演感慨地說：「能夠發揚光大禪宗法門的人，只有克勤了。」

看到五祖法演的稱許、心中暗自竊喜：「雖然修行還不到位，但知道禪要落實在生活，算是有點小小進步了。」

晚間上課，聆聽洪老師解說《碧巖錄》：「禪是平常事」，我立即有所領會，看來自己是有些落實了，但終究還是不到位，所以還得繼續努力。

2016.10.29 記

# 直心面對

半夜做夢被一頭長頸獸追啄，直覺那是過去世的債主前來討債、要將我啄死，我自知理虧、心中深感愧疚。雖然我很努力的想要把對方轉觀為佛菩薩，卻完全無效。但是我又不甘心就此被啄死，只好拼命閃躲，可是閃來閃去終究閃不掉，眼看就要被啄死，我一嚇而醒。看時鐘、半夜三點半，我再也睡不著了，因為眼睛一閉就現起這情境。類似的夢境先前已經出現過很多次了，必然事出有因。於是起床、複習洪老師所傳授的密勒日巴祖師中陰救度法「合、轉、融」的心要：

「融」者，不管善境、惡境，你就是在空性、一味的境界，都是法身所顯，不增不減，不垢不淨──夢中這樣的自覺是來自白天的自覺，白天的自覺引發你夢中全部的自覺；而在夢中的自覺，能讓你在白天相續性的自覺。所以白天的覺知要帶到晚上睡覺的時候，睡覺的力量讓你白天碰到事情時，能轉化惡境。

複習、思惟了許久，終於比較清楚，心也比較平靜了，終於可以再次上床睡覺了。但我仍然疑惑著：「如何才是更究竟的因應之道呢？」

事後請教洪老師：「當初洪老師發生嚴重車禍身受重傷、在

加護病房救治時，曾經面對過去世眾多冤親債主前來討債、現起血肉壇城，當時洪老師是如何因應的？」

洪老師慈悲開示如下：

佛陀曾經為了救五百商人而殺死強盜，那麼佛陀有沒有業障？菩薩要不要接受這業障？

我們要瞭解：「菩薩一定要接受業障。」在悲心與業障之間，菩薩選擇悲心、接受業障，這是無法逃避的！古代印度阿育王在攻占南方的羯陵迦國時，幾十萬人死傷。看到戰場上伏屍成山、血流成河的慘烈場面，阿育王受到震撼，深感心痛、悔恨。

回顧當年我在深山閉關時，外魔是容易的，因為我捨身每天供養他們，所以外魔不會進到我心裡；然而我在打坐時，發覺一個很可怕的事——我過去所做自以為是好的事情，其實當中有很多的私心。然而在深層的修行中，你根本承受不了一點自己的私心，這才是「魔」；「對善的執迷」以及「對惡的厭棄」才是「魔」。

當初我遭遇車禍受傷時，過去業障來襲，我的心中作何想法？——這不是我負他們或不負他們，而是他們要讓我的心產生悔愧。所以，當冤親債主前來攻擊我、血肉壇城境界現起了，我就這樣看著；基本上我不用方法、我沒有方法。

我插嘴問道：「請問老師的正見是什麼？」

洪老師豎起右手掌、向前一推，說道：「我不用方法，我這樣！我們走的時候，最怕的是身體或心念的痛，然而不管怎麼樣，這些東西都干擾不了你，何必對治它？何必有『合、轉』？連『融』都不必！」

看到老師的手勢與解說，我當下明白──「就這樣直心面對。」
接著，洪老師慈悲問道：「聽懂否？」
我立刻回答：「是！」並禮謝禪師。


我的「當下明白」乃是直覺的，必須要等到事後回顧上述對答過程時，我才整理出以下的道理：「既然因果如是，閃是徒然、躲也無效；那還閃個什麼？躲個什麼？就直心面對、如實接納吧！」

既然理解了如是道理，我就立刻付諸實踐；下課回家的捷運上，我坦然邀請夢中的長頸獸前來收債。

立刻，我心眼看到「長頸獸現起了、衝過來了」。我平靜以待，長頸獸不客氣的一口啄向我的胸膛，我的身體為之一震；啊──我的心臟被吃掉了、我沒有心臟了！

下一剎那，咦──我還活著!? 而且整個人還覺得很輕鬆。

這種覺受實在很怪異——「我實然覺得自己已經沒有心臟了，但整個人又覺得很輕鬆」——這種覺受甚至還持續了好幾天。

禪師開示
這樣不是很好嗎？

2017.01.19 記

# 名字只是「指涉符號」

無業云：「祖師觀此土有大乘根器，唯單傳心印，指示迷途，得之者不揀愚之與智、凡之與聖，且多虛不如少實。大丈夫漢，即今直下休歇去，頓息萬緣去，超生死流，迥出常格，縱有眷屬莊嚴，不求自得。

無業一生凡有所問，只道：「莫妄想。」所以道：「一處透，千處萬處一時透；一機明，千機萬機一時明。如今人總不恁麼，只管恣意情解，不會他古人省要處。」

——《碧巖錄》 第十九則 俱胝只豎一指

上課前，我先安頓自己的心，「心不雜用、盡量回歸話頭的狀態」，然後靜心聆聽洪啟嵩老師宣講《碧巖錄》如下：

無業禪師說：「達摩祖師觀此土有大乘根器，唯單傳心印，指示迷途，不管得到的人是愚智或凡聖，而且太多的虛假、不如極少的真實。所以大丈夫漢，現在當下就休歇而去，把所有萬緣頓息去，超越生死之流，迥出常格。縱然有這樣莊嚴，也不求自得——這個都是無縫塔中事啊！但如何是無縫塔外事呢？

143

無業禪師一生也只是一招,凡有人問他,他就說:「莫妄想。」所以說「一處透,千處萬處一時透;一個機緣明瞭了,千機萬機一時明。」現在人總不恁麼,只管恣意情解,用意識情意去理解,不會他古人省要之處。

什麼是「省要之處」?

這是最簡單最直截的──「直下休歇去,頓息萬緣去,就是啦!各位啊,就是啦!」

接著,禪師望著我說道:「所以,家康!不管叫家康或雨華或什麼,就是了,沒有其他的!」

禪師口中的「家康、雨華」都是我的名字,一個是目前使用的、另一個是舊名。

學佛後,雖然腦袋已經知道「名字只是一個指涉符號」,但在實際生活中,名字依然與我十分貼近──「家康是我、我是家康」。

可是在聽聞禪師開示的當下,心中一片清明,我突然清楚看到「家康這名字」竟然距離「這個清明的心」好遠好遠;更特別得是「家康這名字」竟然退縮、淡化成了一個小小的「指涉符號」,遙指著「這個清明的心」,它與「這個清明心」之間,只有這一絲細微的指涉意義、此外再無其他的關連。

是的！這個平素與我貼近的名字，此刻卻實然變成「遠在身外、一個具象的指涉符號」，它給我的感覺是「既疏遠且陌生、但又不是完全不熟」；這種感覺很怪異、迥然不同於平時，然而這時候整個人又確然處於「安靜、凝定、清朗、明白」的狀態，所以這種感覺絕非錯覺。既然禪師說「就是啦，沒有其他的」，那麼應該就是了。

於是恭謹合掌、禮謝禪師。

禪師看了、說道：「這個啊，你涅槃囉，珍重啊。」

雖然不確定禪師口中「涅槃」的真實意涵，但這時候我的心確實處於「安靜凝定、清清朗朗、明明白白」的狀態，確實應該好好保任。於是再次恭謹合掌、禮謝禪師。

一週後再次回顧，發現上述覺受雖有進步，但猶有分別心在，還得繼續參究。

於是將檢討結果稟陳禪師。


禪師開示
禪師開心地說道：「好。」

2017.03.18 記

# 全心全意又放鬆

「現成的一心，圓滿具足了輪迴與涅槃。」

——〈現觀無染覺性自證解脫〉

聆聽洪老師講授〈現觀無染覺性自證解脫〉——

「一心」的狀況乃是「圓滿具足了輪迴與涅槃、輪涅不二」。我能講你們或眾生是在輪迴中嗎？這句話我講不出來，聊聊天可以。

接著，禪師開始抽考。

師：「你有在輪迴嗎？」
生：「實相上沒有。」（聽聞禪師詰問時，我正處於清朗明照的狀態，心中迅即浮現如下的念頭：「一切現前即是，那有輪迴或涅槃？」於是靜默不語、微笑以對。繼而想到，還是得應緣回答禪師、才不失禮，於是規規矩矩地回答如是）
師：「你看看，你又長出一根尾巴！為什麼你要講『實相上沒有』？百千萬劫、生生世世就是這根尾巴！腦中老是要冒出來，對不對？」
生：「應景。」（因為心中明白我並未長出尾巴、只是應緣而

已，於是回答如是）

師：「這句話有點意思了，應景、應景吧！」

禪師繼續講課，過了許久，再度慈悲指示 ——

夢醒了嗎？好羞澀喔！有時初見面比較羞澀一點、比較不熟，今天初見面，以後常見，但以後也不用常見。現在常見、現在也不用常見，沒有不見！每天在你前面站著，你也不認識我，雖然你跟我常常裝熟。所以有時候要看到我的眼睛裡面在看什麼。

聞言，立刻遵囑看著禪師的眼睛，發現禪師眼睛像個漆黑、深不見底的空洞，其內一無所有。

禪師繼續講課，過了許久，再度慈悲指示如何「應景」——

你用慈悲、智慧的眼睛看看這世界，穿透這世界後，再穿透到自己的生活、自己的人生；沒關係，每天還是吵個小架、生個好活，但是可不要隨它去啊！倒是它要隨你去！生活是很難的，因為不跟它一起翻滾不行，但是翻滾時，那個不翻滾的呢？清楚嗎？清楚之後、你發覺到「每天應景、應景嘛」。譬如我為什麼要來講課？我講課用不用心？我是用生命在講課，這是應景；很多人以為應景是應付，然而應付可是要全心全意的啊！這叫作「獅子搏兔」。全心全意會怎樣？會絕對放鬆，因為你沒有時間緊張，人生要活得這樣子。要

自在地活著、好好地活著、活著好好的、全心全意地活著、沒有分別地活著,不變隨緣、隨緣不變。

聽了禪師的開示,隨即自我檢查;結果欣然發現──先前回答禪師「應景」之時,正是處於「全心全意、放鬆安住於現前,心中清朗而明照」的狀態,與禪師開示的狀態若合符節,看來爾後就該這樣好好的生活。

2017.08.26 記

# 修行要回到心看

聆聽洪啟嵩禪師講授〈現觀無染覺性自證解脫〉課程，課堂上蒙禪師慈悲指示如下：

師：「你身體要改善啦，不要一年一年老下去了！那麼久了，要一年年年輕回來！卅年前的那些老伎倆，不是去那個境界裡面看，而是回到心看、就到了。你卅年前是有體會的。」

生：「那時候不懂。」

師：「不懂、最親切；懂了，胡亂想。你們不肯『不懂下去』，你就是多了一條筋，少了一條根！大手印講『就像嬰兒觀佛殿』，你多了一條筋，你不肯像嬰兒觀佛殿一樣，『不懂得』徹底！同時你又少一條根、你對自己少了一點信根、少了一點『對自性的體會和對自性的信任』；對你來講是『多了一條聰明筋』，少了一條『對自己自性的信根』，好好用功吧！」

生：（合掌感恩禪師的指示）

聽聞禪師指示後，深自檢討。

過往這些年，陸續參加了很多洪禪師傳授的課程，聽聞了很多佛法正知正見，對於佛法的瞭解越來越多，也不時的現起一些或深或淺的覺受，令我對於「無我」的體會越來越深，可惜迄今猶未能更深刻地現證「無我」，實為最大遺憾。

如今禪師點出我修行的癥結所在：「少了一點『對自己自性的體會和信任』。」我豁然明白了自己的錯處──我的修行偏重在聽聞、思惟佛法內容，疏於打坐禪修，以致於少了一些「更深刻體會自己的自性」機會。所以嗣後應當加強打坐禪修、回到心看、增添「對自己自性的體會和信任」，期能早日成就。

2017.09.23 記

# 六塵化空入六根

色塵化空入眼根，眼識現前證明空，色塵眼根及眼識，
三輪平等現明空，如實現前金剛鍊
聲塵化空入耳根，耳識現前證明空，聲塵耳根及耳識，
三輪平等現明空，如實現前金剛鍊
香味化空入鼻根，鼻識現前證明空，香味鼻根及鼻識，
三輪平等現明空，如實現前金剛鍊
味塵化空入舌根，舌識現前證明空，味塵舌根及舌識，
三輪平等現明空，如實現前金剛鍊
觸塵化空入身根，身識現前證明空，觸塵身根及身識，
三輪平等現明空，如實現前金剛鍊
法塵化空入心根，意識現前證明空，法塵意根及意識，
三輪平等現明空，如實現前金剛鍊
六根六塵及六識，現前平等化明空，如實現前金剛鍊，
現成普化虹光身
　　　——〈現觀無染覺性自證解脫・根界普寂大圓滿〉
　　　洪啓嵩禪師撰


聆聽洪老師解說〈現觀無染覺性自證解脫・根界普寂大圓滿〉
的修法核心意旨如下——

在此我想讓大家跳躍、超劫成就；也就是用楞嚴經「性覺必明、妄為明覺」的觀點，直接讓大家「自他互換」、變成色塵。「自他互換」乃是回到你在「因明立所、所既妄立、生汝妄能」中的「因明立所」狀況，這會讓你們在身心超越慣性上，產生更大的力量，也讓大家對於「無我」的基礎更深刻，讓你直接「無我」、就算沒有到那種情形、也讓你體會到「無我」。而且讓你們脈的走向，不再是你們慣性的脈的走向，你們會「直脈、直氣、直光」，這是後面的基礎。「自他互換」是回到你們「本初的狀況」，所以我不從心輪放光出來到外界的「色塵」，而是從「色塵」進入心輪、立場先對換，而且這樣開出來的脈會讓你更迅速、更快，雖然不是很純熟，但可能會更快。

「色塵化空入眼根，眼識現前證明空，色塵眼根及眼識，三輪平等現明空，如實現前金剛鍊」。

「色塵化空入眼根」——你的心從色塵出發，色塵化空入眼根，眼根與色塵相對會產生「眼識」，但是現在有一個很特別的狀況產生了：我不是叫你「去看」，因為「你去看」會產生眼根的執著、去執著「色塵」；現在是「讓色塵進來」、你們眼睛、眼根、眼脈就鬆開了。這是把我修行經驗與證量直接教給大家，亦即當年我在善德禪院水池邊看錦鯉的經驗：「當時，我不再盯著東西看，而是讓錦鯉到我眼根，這樣我鬆了」；這樣就算不能化成虹光，至少解除很多重的煩惱或很容易悟道，亦即「無我」或「不會入輪迴」。

所以將色塵跟我「自他互換」；現在外面的法界是主、而你是客、自他互換；法界變成「自」、你變成「他者」。所以色塵要化空、入於眼根。平常我們是眼根去看東西、產生眼識、而眼識來自於「執著」。現在是「萬相入鏡、鏡自顯」或「鏡顯萬相」，這時候「識不可得」、而清清楚楚明明白白，這就是「色塵化空入眼根」。

現在讓我們看牆上蓮師畫像，蓮師就是你的「色塵」。平常在家裡看佛像乃至將來看虛空都一樣──色塵化空、變成金剛鍊光、入你的眼根，你的眼睛會有感覺、而且眼壓會降下，因為你不再慣性地去抓取。平常這樣練習，你會發覺到你的身心產生「世間的舒暢、身心的增長及出世間證悟的可能」。而且我們知道，牆上這尊蓮師畫像本身是「毘盧遮那佛、蓮師、法界體性」，其本質是空的，而我們是空的，所以「自法界」在外法界、「他法界」在內法界、毘盧遮那佛加持，所以眼根會產生很特別的鬆開與明淨。「色塵化空入眼根」，這樣一來「六識成六覺」。這方法是很精要、很不得了的。

「眼識現前證明空」──眼識現前證明空、整個化成金剛鍊光，所以六識成六覺、六覺六圓通；明而空、空而明。

「色塵、眼根及眼識，三輪平等現明空，如實現前金剛鍊」──剛剛是「眼識證明空」、現在是「三輪平等」顯現「明空不二」、三者平等無差別，因為眼識不再是「識」、不再是「了別」、而是「覺知、覺悟」，所以「如實現前金剛鍊」。

「聲塵化空入耳根，耳識現前證明空，聲塵耳根及耳識，三輪平等現明空，如實現前金剛鍊」。

「聲塵化空入耳根」──試問：「耳根圓通是怎麼來的？」聲塵、窗外街道傳來的嗡嗡聲音，一切音聲都是如來之音、都是我們的體性。「化空入耳根」、所以「自己的聲音」自己聽，耳根圓通所有法門都在這裡！

「耳識現前證明空」──你在聽的時候，不再是提著耳朵去抓聲音、這樣耳壓會很大，現在耳根鬆開了、聲音都聽得清清楚楚、都是空的。

「聲塵、耳根及耳識，三輪平等現明空，如實現前金剛鍊」。現在 PM2.5 搞得我們眼耳鼻舌身意六根都不好，但是六根鬆開，眼睛上的翳塵、耳朵上的塵都放下了，所以六根都明利。

「香味化空入鼻根，鼻識現前證明空，香味鼻根及鼻識，三輪平等現明空，如實現前金剛鍊」。嗅塵、香味化空入鼻根，鼻識現前證明空，香味、鼻根及鼻識，三輪平等現明空，如實現前金剛鍊。

「味塵化空入舌根，舌識現前證明空，味塵舌根及舌識，三輪平等現明空，如實現前金剛鍊」。「味塵化空入舌根」，吃東西時不要抓著東西吃、而是東西進入口中，這樣你會發現：「唾液增加了、消化液也一定會增加」，這是世間意義；而出世間意義則是你會發覺：「這是空性的」。所以吃飯時一定

要好好修行，但一定要放鬆，千萬不要修到很緊張、造成胃腸不適。

「觸塵化空入身根，身識現前證明空，觸塵身根及身識，三輪平等現明空，如實現前金剛鍊」。「觸塵化空入身根」，我們坐著、有涼風吹過來，這就是觸塵；無論外界的風、熱、光照或是外境有時會打到你身上，產生各種狀態，你感覺這些觸塵了，於是「化空」、把身根鬆開、於是觸塵進入身體，這樣會感覺很舒服。你感覺這「觸塵化空入身根」，身識現前證明空，觸塵、身根及身識，三輪平等現明空，如實現前金剛鍊。

平常我們是心想「法塵」，現在讓「法塵」入心、融入你的心。所以「法塵化空入心根，意識現前證明空，法塵意根及意識，三輪平等現明空，如實現前金剛鍊」。

現在「六根六塵及六識，現前平等化明空，如實現前金剛鍊，現成普化虹光身」：六根六塵都現前、一切現成圓滿的虹光身、圓滿成就。

上述最容易修的可能是眼根與耳根，鼻子也可以修、只是比較不清楚，但原則上六根都可以修。大家比較不容易掌握心與法塵，但是也可以修的。隨時隨地、想到就修的話，大家的身心就開始變化，最後覺證現前、證得虹光身。

聽聞之後，我就想著伺機練習。

時值夏末，夜晚臥室相當悶熱，於是在走廊上搭了張涼床、開啟了抽風扇，把屋外清涼的空氣從走廊一端抽進來，穿過走廊，再從走廊另一端抽出去。我躺在涼床上，涼風不停拂過身軀，慢慢帶走身上的燥熱，但身體中心溫度卻降得很慢，所以還是覺得熱，我只好不停地搧動著手上的扇子。

這時憶起了上述法門「觸塵化空入身根」，於是我就開始觀想——涼風是「阿字」、是空性；我的身根也是「阿字」、也是空性。

如是觀想片刻後，涼風竟然沁入身體裡面的每一個細胞；我的皮膚宛如消失一般、身體與外界完全沒有隔障了，涼風直直沁入體內深處，每一個細胞都沁涼了；涼風與身體混融為一了、混融成為「一身的沁涼與舒爽」，這是前所未有的美妙體驗。啊！「觸塵化空入身根」的覺受果然舒服異常。

禪師開示
還要把上述「覺受」放下，但是心要清楚，這樣才能更上層樓——「三輪平等現明空，如實現前金剛鍊」。

2017.10.21 記

# 真空妙用

聆聽洪老師講授「十八空的禪觀與實踐」如下：

唯識學講三性：「遍計所執性、依他起性、圓成實性」。

「遍計所執性」分成兩個——內在的是緣起實相道，外在所存在的普遍性狀況；因為不瞭解緣起、所以我們會苦，如果瞭解緣起、就不苦。然而苦與不苦，裡面其實一樣的。

「遍計所執性」是指我們因為執著而造成苦，我們要達到的是「圓成實性」、也就是「體性」。那麼要如何趣入呢？這是一個緣起性的狀態「依他起性」（但是我認為這應該是「相依起性」才合理，這是革命性的說法）。

「圓成實性」談到「真空妙有」，我認為應該是「真空妙用」、真空是「妙有、妙用」的，這樣才合乎無著、世親菩薩瑜伽行的根本意旨「妙用」；因為他們講的是「妙用」、不是「有一個東西」，如果「有一個東西」就麻煩了。


聽了禪師解說，心中暗暗叫好。
「真空妙有」這句話耳熟能詳，打從接觸佛法開始，就如是聽

聞、如是認知：「此有非實有、而是妙有。」然而「妙有」這個說法終究還是在心中留下微妙的「有」感、隱隱「有一個東西」潛伏在心底深處。

如今禪師把「妙有」改為「妙用」，雖然只是一字之差，卻在我心中產生微妙但強力的作用，潛伏心底的「有」感瞬間消弭，轉而成為「作用」；於是身心依然「存在」，卻微妙地變得靈活而輕鬆，隨緣隨份地應對外境、施展妙用——這是很奇特、也很有趣的變化。

2017.11.11 記

# 頭蓋骨的隆起

課堂上，洪啟嵩老師說明佛陀頂髻的生成原理如下：

人腦分為左右兩個大腦半球，中間由胼胝體相連結。左右大腦半球分別掌管理性與感性，當左右腦的理性與感性逐漸圓滿時，胼胝體隨之逐漸隆起、將頭蓋骨上頂而形成了頂髻。

洪老師並現身說法展示其頭蓋骨有五處呈現髻狀隆起，而且頭蓋骨不同部位至今還在陸續突起。原因就是腦細胞不斷變化所致。

然而依據科普常識，腦細胞會隨著年齡增長而逐漸減少；以八十歲的老人跟四十歲的壯年相比較，前者的腦細胞約比後者減少一半。

家母八十一歲時曾因腦部出血性中風拍攝腦部 X 光電腦斷層，X 光片中清楚顯示家母的頭蓋骨與其下方腦組織之間存在很大的空隙，醫師解說其形成原因就是家母年紀大了、腦組織萎縮所致。

基於上述瞭解，我一向只是欣羨洪老師頭蓋骨隆起的現象，對自己完全沒有期待；畢竟已經年近七十，腦組織不萎縮就

該偷笑了，因此心中自認頭蓋骨隆起這檔事，跟我今生應該是無緣了。

不料近期竟然感覺頭蓋骨下方的腦組織經常有氣向上衝、不斷把頭蓋骨向上頂、頂得頭蓋骨脹脹的，發生這現象的部位不定，有時在此上頂、過些時又在別處上頂；用手觸摸時感覺頭蓋骨有點上突，攬鏡仔細察看，發現頭蓋骨真的有點隆起來，這現象完全出乎意料，令我深感欣慰鼓舞。

回顧過往卅餘年，我聽聞、思惟、修習佛法、並將其內化到生命中，經過長時間的如是運作，顯然已經引發腦細胞的變化、進而導致頭蓋骨隆起。看來前述科普常識只是一般現象，並不能涵蓋修習佛法者內在深刻的變化，因此就算高齡如我，頭蓋骨依然會隆起，學習佛法畢竟功不唐捐。

2017.12.31 記

# 心的決斷

聆聽洪啟嵩老師解說「改命造運」的精闢道理如下：

命運乃是共業所成，不是有個主宰在掌控。或問：「那些算命師算得很準的，你又怎麼解釋？」其實這就像高速公路上塞車了，如果你資訊不足，開車上去就堵在那裡了；而算命師掌握了一些資訊，所以看起來算得很準。但是如果你改道或乾脆買一架直昇機飛過去，不就結了？這就是「改命造運」，至於一般的因緣情況下怎樣走，隨它去。

改命造運後，整個狀況都會改變；但是如果你不去精進超越，還是會順著原來那條路走。袁了凡就是最典型的例子，命相師把他的命相得神準。但是後來他使用了「功過格」來生活，結果他的命就整個改變了。

改命造運也是因緣聚合的，我認為最主要的因緣是「你的一念心」，其他的都是參考；而且不要太在意這些參考，生命真正的主體是你「心的決斷」。之所以沒有辦法改變，是因為你「心的決斷」還不夠、因緣還不具足；否則事情一定可以改變。

算命都是一些統計，怎樣的生命現象會有怎樣的運途，算命

師有其估算方式，各種估算方式都有其一定的準確度，但不是決定的、宿命的，只不過它估算出來是這樣。然而命運最主要的決斷者，是在你的心裡；如果心裡猶豫不定、不能決斷，就不行！所以現在開始，把命運掌握在自己手上，這是最重要的！否則百年之後、又是一輩子，所以這輩子一定要解脫！你們有沒有信心呢？

我每次卜杯（擲筊）得到的都是「你會作佛祖」！我對你們的信心，永遠比你們自己對自己的信心還要大，我看你們將來一定作佛祖，而你們都不相信自己。

「你會作佛祖」──這一點是沒有問題的！


聽聞洪老師的解說後，親切憶起多年前的一次經驗：

白天仔細聆聽洪老師講授的念佛三昧，對念佛法門有了比較清楚的瞭解。夜裡搭公車經過市區，看到車窗外的繁華街道，掛滿五光十色的廣告霓虹、彩色招牌。不經意地，心裡浮現出一串念頭：「凡事、萬物皆是因緣所成。街上的這一切，廣告霓虹、招牌，無一不是因緣所成呀！但是正因為如此，所以吾人也可以藉著加入新的、適當的因緣，而改變眼前的景象，造就出另一番不同的現象。」

於是，我的心活起來了：「原來我的生命可以是有意義的！

我可以利用我的生命，對於現前的一切，隨因隨緣、不斷地投入新的善因善緣，使現前的一切變得更好！── 這個，可以是我生命的意義！」

念頭才落，突然發現：眼前所見到的街景，不但變得異於平常的鮮明、亮麗，而且居然栩栩如生；我真實感覺到，廣告霓虹、彩色招牌，它們都是活的、是有生命的！它們都在向我微笑、打招呼呢！再看看路邊的人們，也個個有血有肉的活了起來；我看到了一個路邊攤的老闆，他雖然遠在四十公尺外的對街，我卻感覺與他如此的貼近，我居然感覺到他體內的活力、也清楚感覺到他身軀的動作！這種感覺是前所未有的。

有同修見問：「他學佛多年，從未有過上述的類似覺受，不知是何道理？」

基於上述體驗，我回答如下：「聽聞佛法後如果只是在腦子裡想一想，這樣的作用力量比較小，所能引發的效用與變化也比較有限。因為我在聽聞後，將意識層面的瞭解進一步內化到心中、並決意以此作為我『生命的意義』；這種『心的決斷』比較有力，所以才引發了上述的覺受。」

2018.02.24 記

# 以平常心應對

凌晨作一怪夢,夢中我是個醫生,卻因醫術醫德俱不佳、以致於害死四條人命。過去雖然也有過類似的夢,但都比較模糊,這次醒來後還能清楚記得。自忖或許是前世犯下的錯誤,於是開始思惟:「如果真有這回事,要如何處理?」

首先可以將修行功德全部迴向給這些受害者,以資彌補;我立刻如是迴向。

接著思惟:「過去已犯、今皆懺悔,爾後不再重犯;業報現起時,坦然面對、如實接納、心中沒有怨懟。」

繼而想到,夢境經常反映白天生活的內容,這個夢境清晰如此,是不是反映了生活上相關的人與事?於是逐一檢點。

首先想到的就是能言善道的Y君,他曾任職大型建設公司總經理,分析台灣房地產市場長期投資策略,條理清晰,深得一眾好友信任。因此當Y君提議共同長期投資房地產時,一眾好友紛紛響應,我也基於房地產長期投資保守穩定的特性而大量投資。不料多年後,Y君的承諾紛紛跳票,等到我要撤資時,方才發現其中關卡重重、回收無期,令我面臨極大的財務困境。

然而凡事都不會無因無緣，或許夢境相應的就是 Y 君，如果真是這樣，怎麼辦？

一是接受因果、隨緣了宿業，把這筆資金視為沉沒成本、任令其爛在那裡，不再浪費時間力氣去追討、就此停損。

二是永不認命、繼續投注時間精力跟 Y 君周旋，或能收回資金。

如果依照禪師開示的「因果三階」（堅信因果、永不認命、接受事實），似乎應該「永不認命」繼續奮鬥才是；然而把生命中有限的時間精力、繼續長期大量消耗於此事，是否真的值得？心中又不免懷疑，於是稟請禪師開示。


禪師開示
過去如果真的作過這事，那就要懺悔、未來不再重犯。

其次，就是要度對方成佛。

至於現在這一世周遭相關的人與事，要以平常心應對、毋須特別對待。直到最後，當結果現起時，就接受它、隨緣了宿業。

2018.04.06 記

# 後記

聽了禪師開示，我決定以平常心繼續與 Y 君周旋——亦即，
處理事情的方式依照世間正常程序，不特別對待 Y 君；而我
自己則盡量放下得失之心，就這樣平實地去應對處理。

首先我聘請了律師、建築師、會計師、房地產仲介等專業人
士提供專業協助。其次調整自己的心態、減少執著，於是我
的心變得清明、放鬆又不失悲憫，展現於外的就是「沉穩、
有力、平和、又留餘地給對手」。最後當然還得祈請諸佛菩
薩加持、在無形中助我一臂之力。

於是，我就這樣隨緣應對、逐一繞過 Y 君預設的防火牆與壁
壘，最後竟然意外地蒐集到 Y 君涉嫌詐欺我等投資者的鐵證
（雖說是意外蒐集到，其實又在情理之中；因為凡走過必留下
痕跡，無論 Y 君如何仔細湮滅證據，終究是百密一疏，亦可
謂因果不爽）。精幹強悍又高傲的 Y 君，面對如山鐵證時，
立馬變成了綿羊，不得不俯首同意返還我被詐騙的資金，整
起事件至此和平落幕。

洪老師開示的「因果三階」（堅信因果、永不認命、接受事實）
與「平常心應對宿世因緣」，在這起事件中得到很好的體現；
歷時數年的善後過程，也宛如一場世間禪七，將我的心鍛鍊
得更沉穩、更厚實了。

2022.02.20 記

# 默照禪實修訣要

「修行到越來越深時，心中的一念一思、感覺怪怪的、感覺心裡不貼不切，就要把那個心看出來，這就是你的話頭！」

上課時洪老師解說了修行訣要如上，接著就開始點名抽考。

師：「家康，你二六時中有沒有念念清楚呢？」
生：「沒有。」
師：「你講得好自在。」
生：「常常反省、就看到自己沒有念念清楚。」
師：「好好反省之後才能知道嗎？」
生：「不清楚過後，就會發現、然後就拉回來。」
師：「你認為，你是不是應當二六時中都清楚？」
生：「是！這是目標。」
師：「不是目標！我管你的目標！如果你講目標，就很後面了！我這句話的意思你聽得懂嗎？」
生：（無語；這分明是轉念之間的事，把它講成目標當然就遠了。）

接著洪老師開始解說細密的默照禪實修訣要如下──
什麼是疑情？古人參話頭為何一念疑情起？他是在過程中，一個念頭起來、自覺不對、怎麼會這樣？！念從何來、念往何

去、念在何處？──這是話頭啊！──所以你們心裡是不是對自己的思惟思想，清清楚楚、明明白白、本本末末、內內外外、全部透澈呢？隨時隨地自覺──有念頭起來時、你就觀照它，沒有念頭起來時、你就清楚，這叫「默照、照默」，隨時隨地用上「默照、照默」功夫。

有默無照、就是無明；有照無默、就是昏亂，所以永嘉玄覺云「惺惺寂寂是、寂寂惺惺是；惺惺亂亂非、寂寂昏沉非」。「默照、照默」就是隨時隨地自覺的三昧，這很厲害。你可以依任何因緣來覺知、覺察，例如你身體某個部位不舒服，你對那部位有沒有「默照、照默」？又如：你在思惟事情時（這是「照」的功夫），你「定體」在不在？（這就是「照而默」）；抑或「你想著就忘記了」？你想的時候，是不是清清楚楚明明白白地在想、也知道你清清楚楚明明白白地在想什麼，抑或「你只是這樣想過去而已」？另外，「你在思惟時有沒有放鬆」？有時我會用「專注而放鬆」來形容，雖然沒有『照默』那麼好，但現在姑且用之：「你想的時候，你是不是放鬆的？你專注時如果沒有放鬆，你就被拖走了，所以不知不覺就緊張了，代表你的「定體」已消，你就被捲著走了。」

相對於「默照」，如果你「默然」卻無法「明照」（你的心很靜、卻無法覺知），這時候「無明的癡性」就增長了。

上述這些修法當然是越來越細，所以我們必須不斷地對談，把我一生的精要都交給大家；然而有時要看緣來談，所謂「一

緣動心」，雖然每一個人的經驗不一樣，但如果某一句話你有體會你懂了，這就是你的！不過光是懂了還不行，還要入於「覺照三摩地」，你不僅是懂了一件事情，而是你「身心都懂得」！

聽聞此言，心中深深受到觸動。
禪師說得清楚明白，光是腦袋懂了還不夠，必須「身心都懂得」，必須要入於「覺照三摩地」。

回顧自己前半生，正是修行過程所經歷的那些重要覺受，對我生命產生了重大的影響；「聞、思、修」之後所產生的那些覺受，刻骨銘心地印記在我身心，有力的改變了我的生命方向。

所以，如今既然聽懂了，接著就是要努力去親證，讓身體也懂得。

2018.06.23 記

# 看恆河的「那個」

佛言：「大王汝見變化遷改不停，悟知汝滅亦於滅時，知汝身中有不滅耶？」波斯匿王合掌白佛：「我實不知。」佛言：「我今示汝不生滅性。大王！汝年幾時見恒河水？」王言：「我生三歲，慈母携我，謁耆婆天，經過此流。爾時即知是恒河水。」佛言：「大王！如汝所説，二十之時衰於十歲，乃至六十日月歲時念念遷變，則汝三歲見此河時，至年十三其水云何？」王言：「如三歲時，宛然無異。乃至于今年六十二亦無有異。」佛言：「汝今自傷髮白面皺，其面必定皺於童年，則汝今時觀此恒河，與昔童時觀河之見，有童耄不？王言：「不也，世尊！」佛言：「大王！汝面雖皺，而此見精性未曾皺。皺者爲變，不皺非變；變者受滅，彼不變者元無生滅。云何於中受汝生死，而猶引彼末伽梨等，都言此身死後全滅？」王聞是言，信知身後，捨生趣生，與諸大眾踴躍歡喜，得未曾有。

——《大佛頂首楞嚴經》卷二

聆聽禪師講述波斯匿王向佛陀請法的故事如下：

佛陀用「見恆河」的概念，解説「體性不變」的道理。波斯

175

匿王三歲時看恆河，跟六十二歲時看恆河，恆河一樣還是恆河，人就不一樣了，人隨緣而老去，但是看恆河的「那個」有沒有變呢？

禪師的話深深觸動了我：「是啊！人會老去，但是看恆河的『那個』有沒有變呢？」

次日到運動場快步健走時，邊走邊思惟：「看恆河的『那個』有沒有變呢？」

隨即反觀自身：「行年七十，我看周遭的『那個』有沒有變呢？跟卅歲時一樣嗎？」

觀察結果，我清清楚楚看到了「那個」，跟卅歲時一樣！沒變！它清楚映照外境、了了分明──喔、是了、就是「那個」！我終於清清楚楚看到了「那個」！這時，「自我」的感覺消失不現，現前就只有「那個」以及隨之而來的安適感。我十分珍惜地繼續安住在這狀態，不捨稍離。

禪師曾經用了很多善巧指示「那個」予我，譬如：當我張口欲言剎那，禪師就快手搗住我口、把我的話悶住，這一招確實讓我隱隱察覺「那個」。然而今天才是第一次清清楚楚看到「那個」，多年努力終於有了成果，不禁深感欣慰。

因為親歷了「自我」與「那個」的不同，接下來的日子裡，就經常試著以「那個」來面對外界、同時讓「自我」退隱不現。

這樣做的結果是——生活內容還是一樣，日子卻過得比較安適；整個人十分平靜、清楚而且心中感覺比較餘裕。這個現象很有意思，剛開始以為見到「那個」就是「見性」，後來卻開始懷疑：「『那個』只是一面鏡子，接下來似乎還要失手將這一面鏡子打破才是！」

於是將上情稟陳禪師，請禪師釋疑。


禪師開示
那面鏡子有兩種可能，一是鏡子打不破，二是根本沒有那面鏡子。但是你還是再悶一陣子吧！

2018.07.05 記

# 佛念佛

參加洪老師講授的《坐禪三昧經》課程。

上課伊始，禪師展示一張大篆書寫的「佛念佛」橫幅讓學員觀賞。我直覺認知：「佛念佛的意思，就是佛陀恆常憶念我們這些現前是佛的佛子、未來佛」。於是心中一陣悸動：「啊——佛陀恆常憶念我們這些現前是佛的佛子、未來佛，佛恩如此深重，而我們卻不能如實自知是佛！」頓時泫然欲泣，但心中立刻明白「任由情緒作用哭泣一場，其實無濟於事」，於是強自壓伏翻騰的情緒，重新攝心聽課。

> 既得見佛又聞說法言，或自請問，佛爲說法解諸疑網，既得佛念，當復念佛功德法身、無量大慧、無崖底智，不可計德。
> ——《坐禪三昧經》〈第五治等分法門〉

禪師繼續引用上述經文、解說「佛念佛」的深意如下：

這段經文點出了「念佛法門」的核心，對於淨土行人這是一切勝妙根本之一；另一個勝妙根本則是《觀無量壽經》：「諸佛如來是法界身，遍入一切眾生心想中，是故汝等心想佛時，是心即是三十二相八十隨形好，是心作佛、是心是佛。」

然而，念佛三昧不只是淨土宗、更是一切菩薩奉行，修行越深入的菩薩行者，念佛就越深入；最究竟的念佛三昧是「以無所得故，得阿耨多羅三藐三菩提」──就是「佛念佛」。

在此有幾個概念請大家共同體會，亦即《金剛經》的「佛善咐囑、佛所咐囑」與《法華經》的「佛善護念、佛所護念」。

如果我們把身心好好放著、深刻體悟後，從此刻到成佛，你們已經入「如來的三昧」，如來會加持你們的。從「佛所護念」、到「佛念我」、到最後要記得是「佛念佛」；然而這必須在畢竟空的狀態中圓滿！

畢竟空的前提是「內空、外空、內外空」；這就把「五蘊、六根、六境、六識」都空了；「內空」、是空自己的眼耳鼻舌身意六根（密法則是將內六根的空、轉成六大菩薩）；「六境、六塵、六識」、「內空、外空、內外空」，轉換到楞嚴經就是「十八圓通」，佛法的說法就在於此、是一貫的，你一抓就是了，然而你有沒有鑰匙？或有人說：「我給你祕密三昧耶加持！」然而「什麼是祕密三昧耶加持？什麼是最究竟的加持？」所謂「最究竟的加持」，就是「你體悟到畢竟空！」──這才是最究竟的加持。當你「體悟到畢竟空」時你獲得三種力量，因為「畢竟空通法界體性力與諸佛加持力」，於是三力圓滿、你就是「身口意三密相應、四種曼陀羅同時具足！」我要給大家的是這樣一個究竟的法門。

或有人說：「我煩惱很重，能受此大法嗎？」然而這不是我

決定的，是你自己決定的！其次，在如來眼中你們都是「佛子」，既然你是佛子、當然可以領受佛陀的法財（佛陀的法財非一非異、每一個人用亦沒有窮盡、是謂「無量義」；《無量義經》記述佛入無量義三昧，出無量義三昧後宣講胎藏界的本經《法華經》）——這叫作「總持一切教法」。

很多人不瞭解為何「我能理解佛法」，然而我是把鑰匙全部給予大家，你們就是要總持這些教法並且成就、而後去度眾生，就是這個意義而已。

「三昧耶」者，中文翻譯「誓句」，這是密教的翻譯，一般的翻譯就是「佛之大願」；阿彌陀佛的三昧耶就是阿彌陀佛四十八大願，法藏比丘跟世自在王如來發了個願「要度眾生」，就是這樣。

我手上沒有祕密，很多人以為我傳密法，然而在佛陀眼中那有什麼密法？沒有密法、只有佛法！所以「佛念我、佛善護念、佛所護念、佛念佛」！

各位佛陀，你們醒醒吧！以上所述就是念佛三昧的核心之鑰！


解說告一段落，禪師開始點名抽考。
師：「家康兄——」

生：「有——」（因為上課伊始就被感動到情緒翻騰，隨後強自攝心、妄念隨之止息，因而此時整個身心既沉穩又清楚，聽到禪師如此相稱，雖然心中清楚不敢當、卻並無所動；因為這時意識層面的「自我」已經消失，禪師的稱呼就成了最、最、最單純的指涉符號，原本蘊含其中的抬舉義根本打不到心上、心中完全無所動、宛如牆壁一般，因此逕直回答如是。）

師：「可以吧?!」

生：「感恩——」（禪師上述解說，從入手到究竟圓滿、一以貫之、清楚扼要地點出了整個佛法精要。聆聽之後，十分受用，心中既歡喜、又感恩。於是恭敬有力地回答如是。）

師：「你可不要辜負我了。」

生：「不——會——！」（面對禪師索取承諾，心中十分安定、更清楚了知：「究竟學佛之路既已清楚如上，當然就心無懸念地向前行進囉！」於是肯定而有力地回答如是。）

師：「很好，這算是幾十年來聽到你最有力氣的聲音了。我很歡喜！」

師：「我叫了你幾十年了喔！」

生：「是——！」（多年來禪師確實不時點名叫喚，期盼有朝一日能喚醒我。於是恭謹地回答如是。）

師：「你總算聽到我叫你了。」

生：靜默以對（雖然當下就聽懂了禪師的意思，意指「今天這個你、才是真正的你」，但一時間還無法掌握整個來龍去脈，因此選擇靜默以對）

回家後省思，整個脈絡終於清楚浮現——

雖然禪師叫了我幾十年，但過去回應禪師的都是意識層面的「自我」。今天意識層面的「自我」消失了，只剩下一個「安定沉穩的清楚」面對禪師，所有的應答隨之展現出不同的樣態。爰此禪師予以肯定：「你總算聽到我叫你了。」

思惟至此，感恩之情油然而生。於是再次稟陳禪師，請禪師容我補道一句：「感恩！感恩禪師多年來的耐心叫喚與指引。」


禪師開示
「好！」

2018.08.04 記

# 沒有另外一個心

當時間停止，時間在哪裡？
當意念停止，心又在哪裡？
過去的意念、就像微風吹過，已經消失了；
未來的念頭還沒有出現。這時，你在想些什麼？
　　　　　　　　　　　　——《送你一首渡河的歌》

課堂上，洪啟嵩禪師朗聲唸誦上面這首禪詩。
聽聞「當意念停止，心又在哪裡？」時，我被深深地觸動了。
回家後，試著讓自己的意念停止，想要看看「心在哪裡？」
結果發現：「當意念停止，除了清楚、還是清楚，並沒有『另外一個心』！」這是很特別的覺受。

今年七月間經歷了「自我的消失」；當時我清楚看到「我看周遭景物的『那個』，跟我三十歲時一樣沒變！它清楚映照外境、了了分明，而『自我』的感覺則消弭不現。」易言之，「自我消失了」、取而代之的是內在清清楚楚現起「那個」。因為親歷了「自我」與「那個」的不同，後續的日子裡，就經常試著以「那個」來面對外界、讓「自我」退隱不現；生活內容雖然還是一樣，日子卻過得比較安適，整個人十分平

靜、清楚而且心中感覺比較餘裕。剛開始心中很高興，以為「見到那個」就是「見性」；後來開始懷疑：「『那個』是一面鏡子，似乎還得像古人說的：「失手打破古鏡」才是！」當時曾稟請禪師釋疑，而禪師也慈悲地開了一道縫：「那面鏡子有兩種可能，一是鏡子打不破，二是根本沒有那面鏡子。你還是再悶一陣子吧！」

數月過去，如今清楚看到「並沒有另外一個心」，上述疑惑迎刃而解──所謂「以鏡喻心」，既然「沒有另外一個心」、當然就沒有那個「鏡」、這樣根本毋需費心「打破古鏡」囉！「既無我、又無心、更無鏡」，呵！呵！生命登時一派輕鬆。雖然看到「沒有另外一個心」，似乎還不究竟，只好再度請教禪師。


禪師開示

不要說：「究竟、不究竟！」

2018.11.12 記

# 看眾生是佛

諸佛甚奇特，說此大力護，一切佛護持，城池皆固密。由彼護心住，所有為障者，毘那夜迦等，惡形諸羅剎，一切皆退散，念真言力故。

——《大日經》〈入漫荼羅具緣真言品第二之餘〉

參加洪老師講解《大日經》的課程。老師解說之前，先點名抽考。

師：「當初你在夢中被惡鬼抓住時，你怎麼處理的？」
生：「對方拉我的手、想要搶我的手錶，因為對方是黑暗的，我完全看不見對方，情急之下，我就觀想對方是光明身。在我觀想之下，原本是漆黑的惡鬼變成了一團光明。對方看到自己變成一團光明時，因為不明所以、所以驚慌失措；當我看到這樣的觀想有效，我就更篤定、更專注的觀想對方是光明身，對方身體也隨之變得越來越光亮，最後終於不知所措的逃之夭夭。」
師：「你不是觀想他是佛嗎？」
生：「當時觀想對方是光明身。」
師：「以後簡單一點，就觀想他是佛。」

生：「現在會了。」

師：「以後，他不成佛、不准他跑！」

生：「是！」

師：「這叫首楞嚴三昧！」

生：「是喔？」

師：「不然還假的嗎？」

生：「首楞嚴三昧就這麼簡單喔？」

師：「你這一輩子還沒有搞清楚嗎？」

生：「還沒有！」

師：「你還真是老實；你要瞭解『成佛』是個簡單的事情，複雜是你的心！」

生：「受教！」

師：「所以我把這些毘那夜迦、惡形羅剎等為障者，觀想成本尊。只不過修持火供儀軌時，我必須隨緣做些驅趕的行為、不能靜靜坐在法壇上，否則大眾以為我都沒有做事。然而我的所有『行為』跟『沒有行為』都一樣！我的『行為』不會影響我的『沒有行為』，我的『沒有行為』也不會影響我的『行為』，這終究是一場神通遊戲嘛！所以這裡最深密的就是『普門曼荼羅』（亦即『全佛曼荼羅』），而後我用各種方便導入。所以我『看你們是佛、看法界是佛、看眾生是佛』，這才是核心中的核心。」

2019.08.17 記

# 奧地利禪旅札記

二〇一九年十月隨同洪啟嵩禪師出席奧地利「數位大佛展」，並隨緣禪修三日，過程生起覺受若干，謹以為記。


## 紀事一、覺而不受

禪修第一天。

早晨從旅館搭車前往禪修道場，遊覽車在鄉間山路盤旋而上，終於抵達山坡上的禪修道場、也就是奧地利同修的家。

下了車、周遭一片青綠，空氣十分清新，望著前方不遠處青山鬱鬱，感覺舒適極了，突然心頭一陣感動，不禁想哭，但旋即警覺「一個大男人這樣哭未免丟臉」，於是強自忍住。然而這是很特別的覺受，心中深自反省：「這算是覺而受之嗎？」

禪師開示

感動到想哭，那就哭，這是「覺而不受」！

如果再去想「為什麼哭」？那就是「受了、執著了」，因為「不受」乃是「不執著」！

**紀事二、時空的境界**

「我是宇宙的倒影，宇宙是我的投射，自身本然自虛空。」
　　　　　　　　　　　　　—— 洪啟嵩禪師傳授修行口訣

長久以來一直苦於無法理解上述口訣的情境——我如何是宇宙的倒影？宇宙又如何是我的投射？

午後，禪師率領大眾前往附近森林禪修。循著林道前行時，我試著用上述口訣練習禪觀。

我觀想自身如太空中的星雲，觀想得比較清楚時，感覺下半身整個沉入地下；觀想得沒有那麼清楚時，感覺大腿以下整個沉入地下；觀想得更模糊時，感覺小腿以下整個沉入地下。

回程時，正值夕陽西下，走著走著，我就在林道上佇立片刻，靜靜享受著陽光照拂全身的溫暖與舒適。突然，我感覺身體向地裡沉陷下去，腳下的林道則宛如活生生的卷帶、不斷向前方凌空奔馳而去，這是前所未有的體驗，非常奇特。

*禪師開示*
*這現象是「時空的境界」。*

**紀事三、光明仍須放下**

前往森林禪修時，行至林道盡頭、是一片青翠的山坡地，綠

草如茵、青天、白雲，煞是一處好所在，眾人快樂地脫下鞋襪、打著赤腳、吸收地氣，我則趁著這個吉地吉時、趕緊坐上一坐。

坐了片刻，禪師前來賞了三記香板；香板打在背部、鬱結的氣立刻就被打散，整個人坐得更穩更直了。

不久，全身化為一團光明。

禪師開示
光明仍須放下！


## 紀事四、大悲有力

禪修第二天。
禪坐時禪師開示：「都攝六根、聞性不滅，很清楚明白知道何謂『大圓鏡智』。」
我很清楚地看到「聞性不滅」。
師云：「恭喜！」
禪師又開示道：「腳趾走路，乃是以悲心起動。」
聞言、深省：「要發起大悲心才有力量，否則就會陷於死寂。」


## 紀事五、自身本然自虛空

禪修第三天。

凌晨五點醒來。因為前一天下午應邀去國家公園遊玩時玩得太 HIGH，整個心都散了，眼看這趟禪旅就要空入寶山，懺悔之心油然生起。於是立刻起床運動、上座，觀修「自身本然自虛空」口訣。

我先是投身於外太空，中脈、五臟及身軀各部位一一化為銀河、星雲；繼而轉修銀河、星雲一一映入我中脈、五臟及身軀各部位；最後雙向交映、互通無礙，十分自在自由。
啊——我終於體會這口訣的意旨了：「我是宇宙的倒影，宇宙是我的投射。」誠然！同時，我也體會了這個修法的總綱「自身本然自虛空」。
剎那間、心中生起一陣歡喜，我情不自禁地呵呵笑了起來。
不料才笑了兩聲，居然又不能自已的嚎啕大哭了起來，其勢兇猛宛如錢塘潮。然而時值凌晨，不能擾人清夢，我只好雙手掩面搗口，降低噪音，如是嚎啕了許久、方才止息。

上一次這樣嚎啕大哭是在一九八九年、那是第一次參加禪七，轉眼已然三十年過去。因為這種事情十分希罕難得，於是上堂後就向禪師頂禮致謝、稟陳上情。
禪師聽聞後、慈悲開示：「前面還有很長的路要走。」
又云：「你還欠一禮拜。」
余旋即遵囑再次禮拜。
師云：「走到這一步很不容易了。」
余答：「感謝老師多年來的陪伴與指導。」
師云：「我永遠會在你的後面。」

余答：「感謝老師的不離不棄。」

接著，我就繼續上座，努力破參。

首先觀想自身如太空中的銀河、星雲，兩者無二無別，觀著、觀著，全身現起光明，於是依著禪師所教，將光明放下，隨後眼前現起了黑漆桶，然後不由自主地哭了一聲、卻又嘎然而止，力量不足也。隨後試著放下黑漆桶，可惜放下的念頭太猛太強，反而干擾了心的安定；於是再度收攝心念，隨後再次現起黑漆桶。可惜不久就響起了引磬聲，禪修宣告結束。

解三後請教禪師：「面對黑漆桶時如何？」

*禪師開示*

千言萬語不如一句「放下、放空」，黑漆桶亦是空！


## 紀事六、法源清淨

昨日禪師囑咐「你還欠一禮拜」，雖然遵囑禮拜，但心中並不明白箇中原因，於是請教禪師：「是否因為學生禮數不週？」

禪師答曰：「非關禮數；禪師原則上不接受禮拜，因為你向禪師陳述了『我是宇宙的倒影，宇宙是我的投射，自身本然自虛空』三句話，所以還需一禮拜。至於為何如此，這要你自己想。」

退而省思，終於明白了箇中緣由：「上述口訣是由禪師傳授，既然受用此法並得契入，自應禮謝禪師法恩、俾得法源清

淨。」

晚餐時，禪師又道：「因爲你稟陳了上述那三句話，所以我才說：『我是解脫者，如果世間不需要我，我隨時可以走；我現在留在世間隨緣説法，不過是餬口飯吃。』」

2019.10.31 記

# 石佛眨眼

「生公說法，頑石點頭」是中國佛教史上的一則傳奇，故事是說東晉時竺道生法師在蘇州虎丘山上，對著一堆石頭宣講佛法，講到精彩處，群石為之感動、竟然一個個點頭。附近民眾看到這個奇景，於是就流傳出這則有名的傳奇故事。故事雖然精彩，但是對於我這學習土木工程的腦袋，「頑石能點頭」未免太玄、遠遠超乎我的想像，終究只能把它當成一則美麗的寓言。

一九九四年元月隨洪啟嵩老師前往印度八大聖地朝聖，一日行程告一段落，團員群集廣場等候接駁車，廣場邊上有家賣紀念品的店舖，大夥兒閒來無事紛紛進去閒逛，進門後首先看到的都是一些俗豔的商品，於是我就向店舖後進走去，在此陳列了許多石雕作品，造型與雕工頗有些看頭，我邊欣賞邊逛，走到最後一間展場時，貨架下層有尊石佛拙樸而莊嚴、十分吸睛，於是俯身仔細欣賞，不料石佛竟然向我眨了眨眼睛，我登時大吃一驚──石佛會眨眼睛，這怎麼可能？然而這是我親眼所見、真實不虛！我確定不是自己眼睛花，因為當時我是定睛仔細端詳石佛的造型與雕工。然而石佛會眨眼睛，這也未免太不可思議了吧?! 於是我立刻向外奔去，把洪老師請進來看看、究竟這是怎麼回事？

洪老師進來看了看，詢問店家有關這尊石佛的來歷，店家告訴我們：「這尊石佛已經在此陳列了二十餘年，一直乏人問津。」洪老師聽完就笑著對我說：「這尊石佛想跟我們去台灣，所以對你眨眼睛，好讓你去請我進來看。」接著，洪老師就決定隨順因緣、把石佛請回台灣。

然而印度台灣兩地距離遙遠、石像沉重易碎、運送不易，團員許師兄就發心親自抱著沉重的石佛，萬里迢迢從印度一路抱回台灣，最後安座在洪老師家的佛壇，圓滿了這樁奇妙的因緣。

「生公說法，頑石點頭」我未曾得見，不知其實；「石佛眨眼」卻是我親眼所見、真實不虛，爰此記錄這一奇特因緣，以資紀念。

2021.12.31 追記

會眨眼睛的石佛 / 吳霈娟攝

# 法住法位、世間相常住

次當以三昧耶眞言密印於頂上解之，而生是心：諸有結護加持，皆令解脫。

——《大日經》〈眞言事業品第五〉

聆聽洪啟嵩老師講解上述《大日經》經文如下：

整個《大日經》裡面只有一句話：「你是大日如來！」

請大家切記：「你就是大日如來！」大日如來不會反駁我這句話，因爲你如果不是大日如來，那麼大日如來如何變成大日如來？

我一向對淨土宗行人講述最究竟的淨土法門；很多人說他相信阿彌陀佛、相信淨土。我就問他：「佛說的話你相信嗎？」

答曰：「相信啊！」

我再問：「那麼你相信你自己是阿彌陀佛嗎？《觀無量壽經》云：『是心是佛，是心作佛。諸佛如來是法界身，入一切眾生心想之中』，你相信嗎？」

現在請問在座各位：「你的心有決定嗎？」

聞言，立即檢查「我的心有決定嗎」？

結果赧然發現：「沒有決定。」——長久以來，多次修習阿

彌陀佛法門，雖然多次現起「我是阿彌陀佛」的覺受、也體會了「自性彌陀」的道理，卻無法長時間安住在「我是阿彌陀佛」的境界；修法過後往往就恢復了常態。所以面對禪師質問、我只能赧然以對。

以此方便故，先所奉請諸尊各還所住，不爲無等大誓之所留止也。復用法界本性，加持自體，思惟淨菩提心，而住金剛薩埵身，是中明印第二品中已說，若念誦竟，以此三印持身，所有眞言行門終畢，法則皆悉圓滿。

——《大日經》〈眞言事業品第五〉

洪老師繼續解說此段《大日經》經文如下：

胎藏界曼荼羅的中央部位、中間層以及外層各部諸尊都是大日如來、你們都是大日如來。現在我是男的、你是女的，男的代表方便或大悲，女的代表般若或三昧，然則何謂男女？那有男女？

「諸尊各還所住」，「是法住法位，世間相常住」是《法華經》的核心意旨，如果你懂這句話就夠了，這句話是「究竟曼荼羅位」。何以故？曼荼羅中的諸尊，佛菩薩住在中央部位是法住法位，諸天與外金剛部住在外層也是法住法位。

或問：「他們不是諸天或外金剛部嗎？」

答曰：「非也！諸天、外金剛部都是大日如來啊！」

或問：「爲何會這樣？」

試想：「眾生要禮拜媽祖，如果大日如來不化現成媽祖給眾生禮拜，怎麼辦？」

所以曼荼羅中央部位乃至外層等，都是因緣所現，但是我們不能僅僅把諸天與外金剛帶到曼荼羅的外層，必須要把他們帶到曼荼羅中央部位。

「是法住法位，世間相常住」是爲「大曼荼羅」；因此我們現前這道場也是「大曼荼羅」。

「法住」者、「種子曼荼羅」；「法位」者、「三昧耶曼荼羅」；住於法、實相智；住於位、大悲行。

「法住」者、智慧曼荼羅（種子曼荼羅）；「法位」者、大悲曼荼羅（三昧耶曼荼羅）；「世間相常住」者，大曼荼羅。

整合「種子曼荼羅、三昧耶曼荼羅、大曼荼羅」而如是運作，稱爲「羯磨曼荼羅」——這是法界最深的祕密，沒有人講，只有諸佛菩薩與龍樹菩薩講出這個道理！

「以有空義故、一切法得成」，這樣你們就聽懂一切佛法了，沒有其他的！所以一切「住於法位」、都是具足究竟的大慈。

「復用法界本性，加持自體，思惟淨菩提心，而住金剛薩埵身」，這句話就是「自佛自加持、佛境菩薩行」，行動的時代開始了！

爲何大日如來化現爲金剛薩埵？

有個耳熟能詳的故事——觀世音菩薩手持念珠，人問：「何以故？」觀世音菩薩答曰：「求人不如求己。」觀世音菩薩加持自己！同樣道理，大日如來加持自己成爲金剛薩埵，具

足方便、讓法住法位、在世間運作。

「自佛自加持、佛境菩薩行」，於是大日如來變成了執行長金剛薩埵。有次釋迦牟尼準備上堂說法時，文殊菩薩上前阻止、說道：「法付法子、法王無事」；大日如來在這裡更徹底，他把佛冠脫掉、自己來當法王子金剛薩埵。

「是中明印第二品中已說，若念誦竟，以此三印持身，所有真言行門終畢，法則皆悉圓滿」，用這三個法印持身，大家回去可以「入佛三昧耶、法界身、轉法輪、成金剛薩埵」。

聽了洪老師的解說，心中頓然開解、歡喜，因為我終於可以弭平生活中各種角色的落差了。

因為「法住法位，世間相常住」，所以生活中各種角色並不離於法性、平平都是法性的展現，縱然其境界不似佛境，卻是因應日常生活各種緣遇之必需；如果心中思惟菩提心、而安住於這個角色，就是「佛境菩薩行」，重點在於要「思惟菩提心」──我如是領會、如是決定：「我可以是一個住於法位、但內心不斷努力思惟修習清淨菩提心、努力『住於法』的金剛薩埵、普賢行者、善財童子」。

如是決定後，再來設想或執行生活各種角色時，就與佛法完全統一了；因為心中多了些「清明、不離於菩提心」，同時也多了些「悲心、要讓事情更圓滿」，這樣一來，心中就更

清楚、更篤定、更平和、更有力。

之後又憶起洪老師曾經的開示：「與其辛辛苦苦探索『我是誰』？不如想想『誰是我』。」

當初聽聞時深受啟發，現在的領會更深刻了；
心中立刻決定：「我可以是大日如來！」——我的清淨心即是大日如來！然而我又可以隨緣執行世間各種角色、隨緣因應生命中的一切緣遇、隨緣圓滿自己——我如是領會、如是決定。

上述過程雖然十分平實沉穩，但我心中隨即現起一種很特別的覺受：「我的生命錨定了、我的生活落實了。」
是的！我的生命錨定於大日如來，我的生活落實於「佛境菩薩行」，該展現何種角色、就隨緣執行何種角色，踏實而有力，不再猶疑、不再不統一、不再不平等，我心中已然清楚「這不違於大日如來的體性」。

2020.06.28 記

# 紛亂世局中的菩薩心行

時值美中兩強競爭，新冠疫情依然嚴重，洪啟嵩老師針對當下紛亂世局提出精闢分析。聆聽之餘，心中既感慨又無奈、不禁提問如下。

生：「面對這樣紛亂的世局，我們修行人又能怎麼辦？」
師：「這正是我們修行人要來處理的。」
生：「如何處理？」
師：「我推動的『覺性地球』就是啊！」
生：「有效嗎？畢竟我們面對的是全球性廣大範圍的亂局啊！」
師：「你覺得沒有效，那你就不是了。」


事後，繼續跟同修討論這個現實的議題。
我以為：「我們的作為宛如一隻小鳥很熱切地含著些許清水、飛去撲救森林大火，這樣作會有效嗎？」
同修回應：「洪老師所說的就是『有一個人的精神』──洪老師心中既沒有大小、也不問其最終成效如何，一個人驀直作去就是了！」

聽了同修的回應，親切憶起多年前的一次體驗——

既然「一切都是因緣聚合而成」，因緣聚合而有「我」，「我」當然就是「中心」；然而因緣錯綜複雜而多端，「我」這個因緣的「現起」，還是因緣網絡大海中的一滴，這樣，「我」不同時也成了其他「因緣現起」的邊緣麼？心頭頓時了了，「既是中心、同時也是邊緣」，誠然！

一邊打著太極拳，一邊如是領會，心中頓時輕快了起來。於是，一邊愉快地享受著在這因緣中現起的「我」，一邊身軀輕靈地舞動著太極招式，體內氣息前所未有的通暢。因為心中了然「我同時也是這因緣網絡大海中的一滴」，我與週遭環境之間頓然現起一個綿密複雜的網絡，不但固有的界限消失，甚至感覺到我與週遭環境可以氣息互通了。就這樣，我彷彿是「因緣大海」中的一條游魚，輕鬆自在地悠游著太極舞步，然而一舉手、一投足，卻又同時舞動了週遭這一無盡的因緣大網——小小的揮動，卻舞起波浪般真實的震幅，不斷向外擴散、擴散，為這因緣大海注入了一滴新生的動力。

這段往事令我頓然明白如下的道理：

因為我是「當下這因緣網絡大海中的一滴」，我的運作必然牽動週遭這一無盡的因緣大網，我貢獻出去的力量一定會有作用、只是或大或小而已！所以我可以、也應該，向這世界不斷投入善因善緣。

實務上，當然還是從自身的修行做起，自己先安心立命了，自然影響週遭的親人、好友、鄰居，進而影響更大範圍的人，

一層層擴大出去、宛如漣漪一般——菩薩的心行當如是！

2021.04.05 記

## 後記

「大禪定論」課堂上，禪師詳細解說了「業」與禪者的日常心行：

所謂「走過必留下痕跡」，身語意「凡是走過必留痕跡」、因果宛然、不會不見、也不會憑空迸現、絲絲分明、錙銖清晰可查，它就是一個「區塊鏈」。「業」無法消除，但可以透過修法來調整業報現前的順序，等有能力承受再受報。受報形式依於緣起、並無定法，這跟你的心念、你的運作有關；但是我們可以透過調整、善用技巧而轉化之。這就好比當前各國央行的「QA 量化寬鬆政策」，但是 QA 是要償還的，如果償還不了，就會出現通貨膨脹，處理不好甚至可能出現金融大海嘯或停滯性通貨膨脹，所以現在就要調整。而我每天所做的事情也在調整，譬如為了因應當前地緣政治緊張情勢，我現在每天修法祈願的內容變成「祈願無復天災、人禍、戰爭，祈願人間和平」，比先前新增了一項「沒有戰爭」。

我做的事情有用嗎？——當然有用！至於效用多大就不知道了。

我發出訊息，大家聽得到嗎？——大家當然聽得到！

可是大家「知道、不知道」呢？——答案是「大家感受到、

卻不一定知道」；如果大家「有知覺」的話，就會產生「心念共應」；如果越來越多人「共應」的話，就有機會「忽然間大家都不想去幹那些不好的事了、改去幹正事了」。

我對人生的感受很深，生命因緣很容易一下就滑動過去、很多好事就這樣滑過去了，此即所謂「因緣不具足」、一念就滑過去了。所以我很珍視所有的因緣，盡量讓每件事情圓滿，我不斷的用「量子、心識、願力」投入「九識（法界體性智、集體潛意識）」，讓眾生在未來能成就，我每天早上修法建構「九識（法界體性智、集體潛意識）」──這是我跟整個世界作的「遊戲三昧」。之所以這樣，是因為如果我在淺層意識玩，那是沒有用的。

自從「工業革命、資本主義、全球化」發展以來，目前全球正處於一個轉折點，今後將會轉入另外一種狀態。過去兩次世界大戰都發生在歐洲，因為他們思想上背景太殘忍、衝突性變得很大；希望在亞洲不要發生這類事情，希望所有的軍事衝突能止息，因此我發起「和平地球運動」，我現在奔波的就是這事情，至於能做到什麼程度？不知道，因為這是共業；然而無論再怎麼共業，我們還是要做，希望大家共同來推動。

「作幾年的事情」是政客所為；政客一面做、一面弄亂，這是政客本質、不要怪他們，因為政治思路本來就是鼓勵他們這樣做，這是因緣法。相對地，我們是有慈悲心的修行人，我

們所做的永遠是「千年萬載」的事情，同時我們也不是找事情讓自己獲利，所以我每天持續修法以「和平地球」，希望大家鼓勵我繼續走。這條路會走得很長、很長、很長，我們把能量子放出去，希望「和平」地球。

有人不以爲然：「俄烏兩國都已經打起來了，還什麼和平地球？」
我回應道：「都已經打起來了，就不要和平地球了？就給他們打？」

大家要知道「佛法是世界最後的希望，佛法動搖了、就沒有希望了」。
這裡所說的「希望」並非「權力」；因爲這是一群眞正永遠無諍、具足無諍三昧的人，對整個人類的前程發心，這就是「三三昧」走入「如幻三昧」的核心。
我們要讓自己「永遠面對自己的心」、我們已作到「此心光明、夫復何言」。


聽了禪師上述解說，我更明瞭一個菩薩行者在此紛亂世局中的心行了——菩薩行者本於「有一個人的精神」，發心幫助這個世界，進而影響並覺悟更多菩薩隨之發心；聚合眾多菩薩的心力、就能形成有力的「共願」；一個人投射出去的心念力量、或許只是少許的量子，眾人投射出去的心念量子聚

合起來，就會形成較大的能量、就能產生較大的作用。所以，菩薩行者當如斯貢獻一己的心念與力量，推動這個世界逐漸正向轉變。

2022.04.09 記

# 無相三昧之應用

爾時世尊復為菴沒羅女，隨機說法示教利喜已，從座而去。還至住處，告阿難陀曰：「我今欲往竹林中，汝可告諸大眾。」時阿難陀如佛所教，即與大眾隨佛至竹林北住升攝波林。時屬飢儉乞求難得，佛告諸苾芻：「今時飢儉，汝等宜可求同意者，於薜舍離諸方聚落隨便安居，我與阿難陀於此處住。若不如是，求乞難得。」

佛於夏內身嬰病苦，受諸痛惱幾將命沒，如是作念：「我身有疾不久遷謝，然諸苾芻散在餘處，我今不應離諸大眾而般涅槃，應以無相三昧觀察自身令苦停息。」作是念已即入勝定，所受諸苦如念皆除安隱而住。

——《根本說一切有部毘奈耶雜事》第三十六卷

「大禪定論」課程中，洪啟嵩禪師解說《毘奈耶雜事》如下：

《毘奈耶雜事》是律部的經典、是講生活依止的經典，紀錄著當時佛法修行人的生活狀態，所以其中有很多修行方法，可惜這些清楚的寶貝，大家都只是看過而已。

上述經文講述佛陀修行的緣起；佛陀身嬰病苦，如是作念：

「應以無相三昧觀察自身、令苦停息」。佛陀用「無相三昧」觀察自身、令苦停息——這樣代表佛陀身體很痛，因為那時佛陀病得很重。

「作是念已即入勝定，所受諸苦如念皆除安隱而住」，接著佛陀沒事了。不過這不代表佛陀的病情完全消失，因為身體畢竟有其因緣性，但這方法會讓你比較糾纏的病痛變得比較輕鬆自在一點。

因為這個方法可以令苦止息，所以臨終時，除了可以念佛，也可以修這個方法、讓自己走得莊嚴。試想：「如果病痛纏身、因緣到了、要走了，你何必跟它痛苦呢？就走吧！」這樣可以走得很莊嚴。

各位會不會如是啊？

接著，禪師問大眾：「我什麼時候修習無相三昧？」

生答曰：「隨時！」

禪師云：「若不然，我怎麼活得了？我的工作那麼多，若不是佛法攝身、攝心，我現在怎麼行呢？」

聽了禪師的解說，心嚮往之，就想著伺機練習。

某日白天工作異常忙碌，體力透支嚴重；晚間上床、把身體擺平後，還是感覺全身不舒服，於是我就試著把特別不舒服的部位觀想為「空、無相」。

觀想片刻後，不舒服的部位氣脈舒展了、氣息流通了；既然

這方法有效，於是繼續用心觀想。觀著、觀著，不舒服的部位越來越空、越來越無相，而該部位的氣脈也隨之越發舒展、氣息也越發流通；最後，不舒服的感覺完全消除，我終於可以安適地入睡了。這個方法果然好用。

2022.04.10 記

# 道不用修、但莫污染

二〇〇〇年參加洪啟嵩禪師主持的般若茶會，承蒙禪師慈悲開示了「一切現成」、「法住法位、現前即是」、「活在當下」之旨，禪師的解說清晰扼要，總持了佛法修行的究竟心要，令我深深受用，爰此記錄問答內容，以資自我惕勵。

多年過去，二〇二二年再次複習這段紀錄時，溫故而知新，如今更能體會其中幽微的意涵了，當年所記錄下來的文章（如下文）依然是我當下修行的最佳指南。

生：前番承蒙禪師開示，經過數日思維，已然明瞭落在「光明邊」的不是，原來「一切現成、現前即是」。不過，明白了一事，卻又糊塗了另一事：「既然一切現成、現前即是，那還有什麼佛好成呢？」

師：你雖然口說「一切現成、現前即是」，其實還是落在一邊！還是沒有真正瞭解《金剛經》的道理！《金剛經》云：「若以色見我，以音聲求我，是人行邪道，不能見如來。」但是《金剛經》接著還說：「須菩提！莫作是念：『如來不以具足相故，得阿耨多羅三藐三菩提』。須菩提！汝若作是念，發阿耨多羅三藐三菩提心者，說諸法斷滅！」

生：禪師這一解說，學生明白了。可是既然一切眾生「現前是佛」，那麼眾生為什麼還要修行？為什麼還要「成」佛？

師：曹洞宗祖師洞山禪師看到水中倒影而悟道：「渠今正是我，我今不是渠」，從這裡開始，曹洞宗在法身觀念上發展的越來越強，許多曹洞宗的大師，常以大自然的情境來彰顯法身，這些大師的詩偈都很優美，其中尤以宏智正覺最為極致。

曹洞宗洞見「法身本然」的觀點，確認「一切眾生本來是佛」，故有「五位君臣頌」、「功勛五位頌」；但是，曹洞宗雖然確認「眾生與佛不二」的觀念，卻又要你不耽溺於這樣的境界，因此「功勛五位頌」最後一位是「頭角纏生已不堪，擬心求佛好羞慚；迢迢空劫無人識，肯向南詢五十三。」曹洞宗不重久修、不輕初學，而且站在「悟本現成」的觀點看待悟境。因為講「一切現成、一切現前」，所以曹洞宗對於「開悟」這件事情，就會變得比較模糊；甚至認為「開悟」也是空花幻事。後代臨濟禪者常常因此攻擊曹洞宗，說他們是「天然外道」之類的話。因為曹洞站在「一切現成、一切現前、法身現成」的觀念，「開悟」這件事情的確是會變得比較模糊，難怪使得某些禪者對於「求悟」的心，產生一些其他的看法；而他們這些看法其實很類似於你的問題，所以在此首先點出你問題的核心。

從「普遍的法身觀」、「法身遍滿」的觀點來看，把「一切現成、一切現前」這觀點發展到極致的就是道元禪師。因為

他對於「法身遍滿、在佛不增、在眾生不減」的觀點、對於「時間、空間」的觀點，以及徹底體悟「法身的普遍性」，所以說出了「不重久修、不輕初學」、「不是沒有開悟，而是『悟本現成』」的看法。

如果明白「悟本現成」，就可以知道「開悟，既不是新悟、也不是舊悟」，這是非常重要的！如果有新、有舊，「悟本現成」這句話就不能成立。其次，佛也是「現成、現前」的，所謂「一切現成是佛」，既不是新佛、也不是舊佛；是不落入時間、不落入空間、不落入一切的限制，因為「佛是現前」！

曹洞的觀點不但受到後期臨濟禪者的誤解與攻擊，甚至連一些不究竟的曹洞禪者都不清楚其究竟實義。然而「悟本現成」的觀點在佛經裡面其實處處可見，譬如，當初彌勒菩薩說「他被佛陀授記當來成佛」，維摩詰居士就很機鋒地對彌勒菩薩說法：「如果彌勒菩薩有被佛陀授記當來成佛，那麼眾生合當被佛陀授記」──這不就是「一切眾生都是佛」的觀點？只不過曹洞宗是直接端出來、直接遍滿而已。

因為曹洞認為「悟本現成，佛是現前」，所以曹洞沒有「習禪」的概念：曹洞不講「習禪」、也不說「學禪」，但言「坐禪」。「坐禪」者，諸佛之安樂行也；因為我們是現成的佛，我們坐禪是「行安樂行」。所以後來乃有「只管打坐」的話語。我們要知道「只管打坐」這句話背後的強烈基礎就是「悟

本現成、佛是現前」。因此我們打坐的時候，不能說「我將心求悟」，因爲這乃是現成的安樂事；但我們也不必認爲「我現在是開悟的」，因爲「悟本現成」，所以不必有這觀念。

因爲「現成即是！現前即是！便成自然！」因此我所宣講的「本尊觀」、「我們是佛」、「我們是如來」或「全佛」的觀點，雖然表現的形式上有曹洞的影子，但是比曹洞更直接；因爲我這種講法的根源乃是來自於維摩詰、首楞嚴三昧等大三昧；我是捻出一個最究竟的眞諦！

眞諦，意指事實、眞實的事情；眞諦，不同於眞理！眞理是可以殺人的，我不搞眞理這種事，我只是講出事實而已；而另一方面我們也不必勸別人「相信」這事情，因爲對「實相」來講，無論你勸他相信或不相信，又有什麼用呢？因爲這是事實；這個心、就是實相的心，所以我們不必勸人相信、或勸人不相信——這就是「無緣大慈、無緣大悲」。

或有人質疑：「不去幫助眾生，不去勸人相信，哪算是無緣大慈、無緣大悲？」

其實不是的！我們之所以不必勸人相信，是因爲體悟到「他不但是佛、而且是眞實的佛，只不過他現在是處於幻覺當中作事，甚至連他的痛苦也都是虛幻的！」——這不是對他無緣大慈、無緣大悲嗎？這不是眞實的智慧嗎？

或有人質疑：「那不就無事可做了嗎？」

我會說：「錯了！連無事可做也沒有！那有什麼『有事、無事』？」

試問：「觀世音菩薩悲憫眾生，竟至一淚成河，如來沒有事，那麼如來就沒有大慈大悲了嗎？」

答案當然是否定的，因為「法住法位，世間相常住」，觀世音菩薩的一淚成河，固然是法住法位、大慈大悲；如來沒有事，也是法住法位、大慈大悲！

一位菩薩行者可以跟凡夫一樣關心世界大事、兩岸問題、台灣大事、眾生問題，可是他跟凡夫有什麼差異呢？

菩薩行者跟凡夫的差異，在於菩薩行者的內心「如如不動」！

為什麼菩薩行者的內心「如如不動」？

因為菩薩行者知道「一切都是無常的」，就算眼前的一切（包括家、國）都毀滅了，又有什麼關係？這一句「有什麼關係」，可沒有帶著一絲拋棄，那些不肯拋棄的人、才是真正的拋棄──這是真正幽微之言，請大家細細體會。

一位菩薩行者必須要安住在當下！假如看到愛國詩人陸游的名詩：「元知一時萬事空，但悲不見九州同；王師北定中原日，家祭毋忘告乃翁」，菩薩行者會跟凡夫一樣感動地掉眼淚。

那麼，菩薩行者跟凡夫的差別在那裡？

在於「當下」！菩薩行者在感受的「當下」，會跟凡夫一樣，有著同樣的心境，會感受到這首詩的美麗、淒涼及其文學意境；但是就在下一個「當下」，菩薩行者立刻就會從這種心境脫離出來。相對地，一般凡夫則會將「過去、現在、未來」整個糾結在一起，將感傷的心境繼續延續下去。菩薩行者之所以會那樣，是因為菩薩行者了悟「我們只活在當下」！

「當下」，就是此時、此地、此人，就是現前的因緣！

試問：「一面鏡子會照到甚麼？」
一面鏡子會照到它「因緣所攝之處」——這就是因緣法！
「此時、此地、此人」，「現前的人事時地物」——這就是因緣法！

反過來講，觀世音菩薩既然身為一位菩薩，他不哭幹什麼？如果他是正法明如來，你看他哭不哭，答案當然是「不會」！至於觀世音菩薩是否真的一淚成河，其實只是一個故事，我們不過拿來作為一個比喻而已。但是一般而言，如來的標準形象，手上都沒有帶東西，不會像文殊菩薩拿一把劍到處晃，這就是角色不同的緣故——如是因緣、如是現起。

所以你問「有沒有佛可成」？如果了解前面實相的道理，還問這個問題幹什麼？

不過，既然你問了，我還是給你一個答案：「當然可以啊！」我這樣的回答，是不是顯得奇怪？

因為我並不是回答你「有佛可成」或「無佛可成」，而是回答你「可以啊！」

我這樣回答的真正意思其實是「你可以當佛、但是你想當烏龜也可以」！

不過，如果你是問我：「你要不要成佛？」

我當然會回答你：「我要成佛！」

但是，如果你接著問我：「成佛或不成佛有什麼關係？」

我會回答你：「沒有關係！」

生：這有什麼差別呢？從「一切現成」的角度來看、好像沒有差別；但是如果說「沒有差別」，好像也不對!?

師：你這是「一句被一句咬、沒有脫鉤」：一句鉤住一句，你還是不能得到「一切現成」之旨，但是沒有關係，到此且住！

生：好！接下來請教一些技術性的細節問題。密宗的「生起次第」認為我們的身本然就是佛身，所以觀想自己隨時隨地就是本尊。可是既然生起次第已經「認為我們的身本然就是佛身」，為什麼還要「觀想自己是本尊」？

師：「生起次第」還是認為我們的身體是「染汙」的，所以我們「必須」透過觀想來修成本尊：正因為如此，所以它被稱為「生起次第」。

生：密宗的「大圓滿次第」認為「每一個都是」！但是實際

的修法也是要透過觀想，他們是不是跟「生起次第」有著同樣的問題呢？

師：基本上它們是有同樣的問題，但是「大圓滿次第」卻有一點不太一樣。大圓滿次第雖然認爲「一切現成、一切都是」，可是它還有「轉」的感覺、還是有「作意」；因爲大圓滿次第還是有「心部」（決定自心是佛）、「界部」（整個法界是佛界）、「教授部」（要修行金剛鍊光，然後金剛鍊光兜攏起來化成佛身，一切都是金剛鍊光所成）等等差別。大圓滿次第認爲「必須要經過修行」，才能夠「從因位到果位」，雖然他們說「這種修行乃是無修之修」，但是在我看來那只不過是個「名詞」而已。我所介紹的方法比大圓滿次第更直接——試問：「在大圓滿成就者看來，我們是不是金剛鍊光的佛界？」

標準答案當然是「我們是金剛鍊光的佛界」。

既然「我們是佛」，那我們爲什麼不能直接以「我們自身這尊佛」來修？

有人會懷疑：「這樣可以嗎？」

其實只要「你認爲可以、就必定可以」！

但是如果「你心中有疑惑，就絕對不可以」！

而且只要「你認爲絕對可以」的時候，你看的、真的是這樣！

這可不是「因爲你相信所致」，而是「因爲事實就是這樣」！

以上這幾句話，就是我的心要，希望大家了解其中的奧義。

密宗雖然了解第一義的念頭是這樣，但還是要靠觀想：

我說的是：「了解之後，沒事就觀觀想；因爲日子總是要過的，
不觀想做什麼呢？難道要胡思亂想嗎？」
上述這兩句話是不一樣的！
密宗那句話的涵義是「我要跟著佛作什麼」；我這句話的涵
義是「因爲我是佛，所以佛做什麼，我做什麼」。

我講得其實很清楚，你之所以不能領會是因爲你「積極想要
去聽懂我講的是什麼」；我是積極的「把這些問題都打掉」，
而你卻積極的「要去了解我說的是什麼」；其實我現在是積
極的跟你講：「這個都不必是！你很輕鬆的本來就是！」

生：那就要回到禪宗祖師所說的「道不用修，但莫污染」囉？

師：你說得很好！這就是禪宗跟密宗的差別所在！
這就是爲什麼禪宗祖師說「佛之一字、我不喜聞」的道理。
我說「大家都是佛」或「大家都不是佛」，都是渾話！如果
有人想要靠這句話去混日子，那眞的是很困難的；因爲這是
「實際本然」的事情，不是靠著這句話就能混日子的。因爲這
是無所依處、無所得處！我所講的話都是「沒有這回事的」，
都只是「要大家把鏡子弄乾淨、看清楚，然後還要大家把鏡
子打破」！作人，就要清清楚楚、明明白白、法住法位、現
前即是！

禪師突然舉手用力一擊禪桌，喝道：「就是這個！」而後繼
續解說。

師：一切事情都是因緣現前、現成、中道、實相、現空不二、實際、眞如、本際、如實、不可得，講來講去就是這個！
——這就是「活在當下」之旨！

2000.11.04 記

# 境智雙泯

二〇〇八年十月經歷了「化空」的體驗後，對於「化空」的應用更形純熟，但心中還是有個「我」、並未達到「無我」的境界，所以禪師開示應以「境智雙泯」的法門繼續精進。

「境智雙泯」是一句耳熟的老話，然而把它當成法門來修，卻令我困惑多年——「境、智如何『相互對銷』？」

近日篩選往昔修行紀錄時，再次回顧了〈放鬆、放下、放空〉一文，親切憶起當年與禪師問答的情境：
聆聽洪老師首次英語演說後，夜晚居然做了一個英語的夢。因為夢境十分清楚而且奇特，於是稟陳洪老師。
洪老師隨即開示：「The past and the future are all empty, the current is empty too.」（過去與未來是空的，當下也是空的。）
聞言余隨即領會「The past and the future are all empty.」（過去與未來是空的。）；繼而心中放空「當下的法界脈」（the current path of universe is empty too.）；然後回答：「Yes!」
洪老師繼續指導：「You understand now, but your understanding is empty too.」（現在你理解了，但是你的理解也是空的。）
聞言，余領會心中的「understanding（理解）」亦空，隨即將

心中的「understanding（理解）」放下，然後回答洪老師：
「Yes!」

洪老師聞言說道：「Now you do understand, you are in it. 」（現在你真正懂了，你在其中矣。）

這時，我發現自己心智清明，整個人輕輕鬆鬆的活了起來；心中登時現起了頂天立地、雄視一切的氣勢，卻又親親切切不外不離於周遭的一切；既具威勢又復沉穩內斂，無所畏懼、也無所期盼；就這樣沉靜又靈活地住於清明、安穩、平和、閒適與舒暢中。

當年遵照禪師指示，瞭解「心中的理解亦空」、放下「心中的理解」，隨即產生很特殊的覺受。如今再次回顧，欣然有了不同的認知：「境智雙泯」的「智」、其實就是「心中的理解」嘛；「心中的理解」是空、「智」亦是空。「境智雙泯」，「外境是空，內在的智亦空；境智雙雙都是空性」，過去我根本錯解了。

今天搭乘捷運時，想到這個新的認知，隨即在座位上閉目觀想「外境是空、我的理解（智）亦空，雙雙都是空性、都應放下」。

就在放下後下一剎那，眼前現起一片光明，心中立刻覺察──這不像「定光」，這應該是「法性光明」（但似乎還不夠澈）。

睜開眼睛，對向座椅上一位女性乘客的身影映入我的眼睛，她的身影清晰異常、很明顯的從背景中凸現出來，這情形迥異於平常；然而更特別的是我心中的覺受：「這是一個人、一個女人、一個真真實實、如是展現於前的存在」──我如是清楚、如是了知，除此之外，再沒有任何其他的分別之念或「喜與不喜」之念，這情形也迥異於平常。

禪師開示
首先要知道「光明也是空的」。

其次，這次現起的光明雖然還不夠、但總算是近了，你總算從門縫看到門裡有光露出來了。

「境智雙泯」者，「境」是「他者、外境」，「智」是「自體、自」，「境智雙泯」就是「自他無所有」，入於道基。

2022.04.21 記

# 大悲如幻三昧修學記

「大禪定論」課堂上，洪啟嵩禪師精闢地解說「大悲如幻三昧」的核心要旨如下：

「空、無相、無願」三三昧是一般性的三昧，但菩薩三昧常常會跟他的生命、生活掛在一起，於是衍發成無量三昧，但其核心還是首楞嚴三昧等這些大眾所共知的三昧。瞭解上述道理後，再來談「大悲如幻三昧」。

「大悲如幻三昧」這個詞是我創立的，經典中沒有這個詞。一般都講「如幻三昧」，但是「如幻三昧」的核心意旨一定是「大悲」所產生，為了彰顯這個特質、把菩薩道的真正核心價值呈顯出來，所以我說「大悲如幻三昧」。

大家會感覺「如幻三昧」是一種智慧性的，其實並非如此，因為「如幻三昧」必需有很深刻的悲心。二乘聖者果位究竟的三昧乃是「空、無相、無願三昧具足」，但後續要怎麼做？一個大菩薩要怎麼做？

菩薩必須把「空、無相、無願」這三者空掉！要如何空？「空越大、悲越大」，所以由「悲心」來將「空、無相、無願」轉變成「如幻三昧」，而「如幻三昧」才變成一個菩薩在所

有世界中現生、得生的三昧、成就八地菩薩；所以「如幻三昧」
是很重要的核心三昧。

「空、無相、無願」三昧屬於「空」；而「空」是一切的核心。
三三昧也是以「空三昧」為核心；「聲聞緣覺的三昧」到最
後是以「空三昧」為核心，從「空三昧」轉換到「如幻三昧」
也是以「空三昧」為核心。

「空、無相、無願」三三昧是一個消解的過程，這過程就是從
心經「色不異空」到「色即是空」，「色即是空」就是「空
三昧」，把一切色法消解、令你無所執著、「般若將入畢竟空、
絕諸戲論」。

然而「菩薩將出畢竟空、嚴土熟生」，由此顯示出來的是另
外一種因緣，也就是「如幻三昧」。所以「如幻三昧」是「空
即是色」的過程，「一切空、所以即是色」地顯現「如幻色」
的過程。


聽聞後恍然明白了大悲如幻三昧的核心意旨與過程，心中十
分歡喜。

凌晨作一怪夢。夢中我在辦公室加班，時值半夜，空蕩蕩的
辦公室裡只有我一個人。忽然從辦公室各個桌子底下跑出許
多小孩，整個辦公室頓時鬧烘烘的，這下我才明白「辦公室
鬧鬼」的傳聞不假。

於是，我就想著如何幫助這些陰魂，不料下一刻我自己就被一個無形的力量纏上、令我身體無法自在；情急之下拿起「格薩王聖像」拍打自身，纏身的無形力量消失了。既然這招有效，我就拿著「格薩王聖像」拍打其他陰魂的頭頂、加持他們，他們隨即感覺舒服了，當場就有人跟我擁抱致謝。

然而這樣一個一個拍，實在太累了，心中突然憶起：「眾生都是佛。」

於是，我就開始觀想：「他們都是佛。」

隨著我的觀想，他們都變成了佛，辦公室登時出現了許多尊佛。

繼而心中又憶起：「諸佛體性無二無別。」於是我就如是認取。

眼前這許多尊佛隨即融為一尊大佛、繼而又變成一團大光明。

接著我就從夢境醒轉，不料卻發現自己的呼吸十分急促，自忖：「呼吸急促若此，顯然是作得不如法。」

於是，我就開始觀想「自身是佛」，接著又觀想「體內所有眾生都是佛、全身細胞都是佛、都是如幻」。

如是觀想片刻後，呼吸平緩了、背部不舒服的部位也鬆弛了。

接著，心中察覺：「還有一個能觀的我。」嗯，這個也應該

要放下。

於是，隨即放下「能觀的我」。

放下後，光明現起了；

接著，心中憶起：「光明亦空、也應該要放下。」

於是，隨即將光明也放下。

光明放下後，現前空空無所有的黑暗當中，巍然現起一尊黑色巨大的身影。接下來該怎麼做、就不知道了，於是只好安住於此。然而上述經歷還是讓我體會了一點：「在幫助眾生方面，大悲如幻三昧比無相三昧有力、有用」。明白了這個道理後，丹田陡然湧起一口氣、順著中脈上升、脫口而出、大喝一聲「啊——！」頓時全身為之舒暢。


禪師開示
是「前面」不知道、「中間」不知道、還是「後面」不知道？

2022.07.05 記

## 後記

聽聞禪師開示後自我檢討，發現其實只是當時不知道，後來就有所省：「凡所有相皆是虛妄，一切境界都是『空』，都要放下！」

次日早晨睡醒，還躺在床上就開始觀想「把一切都放下」！

片刻後，身前現起光明。

心中立刻覺察：「光明在身前，這是內外分別對立、應該放下。」

於是，立刻放下。

身前的光明隨即消失、進入我的身體、令我通身大放光明。

心中立刻覺省：「通身光明亦是『空』，也應該要放下。」

於是，立刻放下。

通身光明隨即消失，胸腹之中卻突然現起一個白色、半透明、盤坐、虛凝、宛如小嬰孩之物，它的體量不大，所以整個被包容在胸腹之中。這時全身氣脈流通了，我如是安住片刻後起身，感覺通體舒暢。

這是前所未有的經驗，於是具陳禪師。

禪師開示

很好！繼續放下！

2022.08.13 記

# 第二部 Chapter two

# 與佛同行
## 陪伴守護長輩的老後與往生

諸佛如來是法界身，遍入一切眾生心想中，

是故汝等心想佛時，是心即是三十二相八十隨形好，

是心作佛、是心是佛。

—— 《佛說觀無量壽經》

是心作佛、是心是佛。

所以，我是佛、長輩們是佛、眾生亦都是佛，

於是，我這個佛與諸長輩佛一起、

同在法界中向前行。

# 與佛同行

母親是個典型的傳統佛教徒，縱然自己經濟並不寬裕，卻樂於布施更困難的人。雖然知道釋迦牟尼佛、阿彌陀佛、觀世音菩薩的名號，但是對於佛法的瞭解則有限。所以當初母親看到我積極學佛時，就會勸我「不要太沉迷」。然而先父猝逝卻成為引領母親學習究竟佛法的契機。

一九九三年，身體一向結實的父親因十二指腸潰瘍前往醫院，不料執行胃鏡檢查的醫生竟然沒有看出潰瘍已經穿孔，延誤治療的結果是病情迅速惡化為腹膜炎、敗血症，十天後就全身器官衰竭而往生。

先父猝逝對母親的衝擊很大，為先父報名參加超薦法會、梁皇寶懺法會時，我陪同母親一起參與，母親很專注地念佛、拜佛、遶佛，哀傷的心情稍得轉移。

之後，離家不遠的寶纈禪寺舉辦水陸法會，我們為先父安置了超渡牌位，母親就每天自己搭公車前往參加法會，早出晚歸，幾個月下來，母親的生活變得充實而且有生氣。

水陸法會結束後，母親又喜歡上第四台淨空法師的佛法講座，每天早晚重播都認真觀看、還勤作筆記，遇有疑問就寫下來，

等我下班回家提問討論。而我也很開心的當起助教為母親解惑、幫助母親學習。就這樣，母親對佛法的瞭解日益增加，心情越來越開朗，學法的心也越來越熱切，後來還多次參加佛七以及一次禪三，從中得到了許多法喜。

一九九四年，洪啟嵩老師領隊前往印度、朝謁釋迦牟尼佛八大聖地，我陪伴母親一同前往；到達佛陀宣講《法華經》的靈鳩山時，年輕團員一步一禮拜上靈鷲山，母親看了、也跟著發心三步一拜朝上靈鷲山，那年母親七十一歲。

如是過了幾年，母親對佛法的瞭解越來越多了。有一次試著為母親解說《心經》的核心意旨「色即是空、空即是色」；囿於自己能力有限、我只會照本宣科，母親聽了當場批評我說得不清不楚，令我慚愧不已，但心中其實更多的是驚喜，因為母親的眼界高了。多年後再次為母親解說這段偈頌時，我終能免於照本宣科，而母親聽了也很歡喜地誇了一句：「聽你一席話，勝讀十年書。」我欣然知道母親的眼界更高了。

二〇〇三年，母親摔倒受傷臥床，朋友前來探視，見到母親手上的念珠，隨口問母親：「阿彌陀佛在哪裡？」

母親直截回答：「在我心裡。」

侍立一旁的我聽得又驚又喜；驚的是母親的回答出乎意料，喜的是母親的回答直截了當、不假思索，真實反映了她的心境。

次日，我故意試探母親：「阿彌陀佛在你心裡嗎？」

母親肯定地回答：「是啊！念佛的時候阿彌陀佛在我心裡，不過不念的時候就不在了。我還沒有辦法做到『阿彌陀佛一直都在心裡』。」

聞言，我深感欣慰：「母親努力學佛十年，念佛念到阿彌陀佛入心、與佛同行，真讓人歡喜！」

2003.11.11 記

# 母親的「靈異事件」

邁入七十八歲後，母親偶爾會摔跤，初以為是尋常老化現象，因此沒有特別去處理，直到有次出門運動後回家，半路上母親居然雙腳軟癱無法站立，縱然我在一旁全力扶持都站不住，路邊鄰居見狀趕快端來椅子讓母親坐著，休息了十幾分鐘後，才勉強由我扶著回到家。鑑於這種狀況很不正常，趕緊帶母親去醫院，檢查結果發現母親得了帕金斯症，因為腦細胞退化、多巴胺的分泌量衰減，影響了運動機能。服藥後，母親的狀況得到改善，但醫生明白告知，藥效會逐年減低，症狀則逐年惡化，我們在心理上要有所準備。

過了一年多，有天母親告訴我，她經常看到家裡有群小孩子跑來跑去，非常吵鬧但又講不聽，實在很煩人。聞言我深感詫異，因為家中門禁安妥，不會有外頭的小孩子闖進來，這究竟是「靈異事件」？還是母親的幻覺？因為一時之間無法分辨，只好嘗試「消去法」；先假設是靈異事件，於是請了洪老師手書〈光明王真言〉掛在母親床頭，希望藉助真言的力量排除「靈異事件」。

之後，母親還是不時抱怨那群小孩子吵她，直到有一天，母親滿臉驚恐地前來說道：「在浴室臉盆裡有個死人頭，你趕

緊去處理。」我陪著母親走進浴室，母親指著臉盆說：「就是那個！」我轉眼看去，臉盆裡擺放的是一顆又圓又大的高麗菜，是母親準備晚餐時烹煮的。這下真相終於大白，不是靈異事件，而是「幻視」！母親腦細胞老化產生「幻視」了。

可是如何才能讓母親瞭解這種狀況呢？心中浮現一個主意——我請母親仔細看著，然後刻意用非常緩慢的速度把臉盆從地面徐徐端向母親面前，母親越看越害怕，最後臉盆近在面前咫尺時，母親臉上突然現出恍然大悟的表情、大大舒了一口氣：「啊——是高麗菜！」

我趁機告訴母親：「因為年紀大了，腦細胞老化了、傳送外界影像訊息的迴路故障了，於是構建出錯誤不實虛幻的影像。」

我的分析令母親深感不可思議：「我的眼睛看了一輩子，怎麼會錯得這麼離譜？」說的也是，要母親不相信自己眼睛所見，確實難為。

又過了兩個月，有天半夜兩點，母親滿臉恐懼地來叫我，說她床邊躺了個陌生人，讓她十分害怕，要我快去把人趕走！雖然心中明白母親又幻視了，但我不動聲色地陪著母親前去察看。進了母親臥房，母親指著床邊說：「陌生人就躺在那裡！」我一眼看去，床邊椅子上整整齊齊放著一疊備用的毛毯，是的、母親又幻視了。

沿用先前的模式，我請母親仔細看著，然後我抓住毛毯兩個端角，刻意用極其緩慢的速度把毛毯慢慢提起、開展，當毛毯終於完全展開的剎那，母親臉上的恐懼頓然消散、大大舒了一口氣；我明知故問：「這是什麼？」母親答道：「毛毯。」我趁機遊說母親：「因為腦細胞老化、神經迴路故障，所以產生了錯誤虛幻的影像。」

這次母親終於接受了幻視的事實，但母親也很苦惱：「所謂眼見為憑，我怎麼知道什麼時候看到的是真實？什麼時候看到則是幻覺？」──這話說得很實在，親眼所見的東西還要區分真假，大難、大難！這句話也恰恰成為後來一樁公共安全危機的伏筆。

又過了幾個月，一天下班回到家，母親憂心忡忡前來告知，下午有一群壞人闖進家裡、把她給綁架了！因為向外求救都無人回應，情急之下只好拿了幾件舊衣服、放到塑膠桶中點火燃燒，希望鄰居看到濃煙與火光後能來救她。

聞言，我心中一驚！烽火傳警討救兵，母親居然使出這一招，果然老到，不過在臥房裡點燃烽火，不是很容易引發火災嗎？我立刻衝到母親臥房查看，磨石子地面果真有一攤燒焦的痕跡。母親一旁補充說道：「我先是在臥房裡燒，看到濃煙密佈，擔心發生危險，所以就將火盆移到陽台去燒；可是後來火焰越竄越高，我看了害怕、又趕緊提水把火給澆熄了。」聞言我又衝到陽台查看，果然看到一個燒得半融的塑膠桶、桶內

燒得焦黑的衣服猶自冒著裊裊餘煙，我趕緊提水把餘燼徹底滅了，心中暗自慶幸：「幸虧沒有釀成火災！」但下次呢？下次還會這麼幸運嗎？這件事讓我澈底警覺：「母親的幻視已經嚴重威脅到她的人身安全與公共安全，我白天上班不在家，不宜讓母親在家獨處，必須另作安排！」

經過多方打聽，終於找到一處「社區老人日間托顧中心」，交通車可以在早晨把母親接過去中心照顧，黃昏再把母親送回家。然而母親一向戀家，要她離開熟悉的環境，去陌生的「老人日託中心」生活一整天，這個提議讓母親十分疑懼。無奈之下，只好跟母親商量先去試住幾天，如果真不喜歡就作罷，這樣母親才勉強同意。

第一天陪母親搭車前往日託中心時，母親還是十分疑懼不安，我只好哄著母親：「就像我每天早晨去公司上班一樣，母親也搭交通車去日託中心上班，黃昏下班後交通車又會送母親回家，如果真的不習慣，隨時可以作罷。」到了日託中心，我陪著母親熟悉新環境、認識新朋友，用過午餐、短暫午睡後，中心又為老人安排了各種活動。黃昏時刻，交通車再次載著母親與我回家。如是試住了兩天後，母親終於安心了、同意去老人日託中心「上班」了。

之後，母親就展開了「上班」生涯，每天早晨出門碰到鄰居時，母親都會開心地打招呼：「我要去上班了。」鄰居媽媽們也很有默契地哄著母親：「好！好！去上班。」黃昏下班

回家後，母親也會開心的跟我分享白天在日託中心發生的種種見聞趣事，日子恢復平靜，母親的「靈異事件」危機終於解除。

2003.02.28 記

# 生前備妥遺囑

母親是個十分顧家戀家的人，照顧家庭幾乎是她生活的全部。每次出門在外就擔心家裡，如果出門超過三小時，就急著想要回家，所以母親幾乎一輩子宅在家裡，僅有的幾次出國旅遊，都要家人費盡口舌勸請才能成行。

八十歲那年，母親的帕金森氏症惡化、行動機能衰退，因而不慎摔倒、傷及腰椎臥床休養。病中，母親依然操心孩子與家事，經常為了無法操持家務而沮喪。修養了兩個月，腰傷逐漸緩和，但還是無法起床，母親的心情十分鬱悶。有一天，她將我喚到床邊交代，說她自覺時日無多，該為她準備後事了。

我隨即勸慰母親，其實先前在母親身體硬朗時，已經遵照她的囑咐完成書面遺囑，也已經陪她親自選妥壽衣及靈骨塔位，所有後事都已經安排妥當，根本毋須再操心了。現在真正重要的就是放下心中對孩子的牽掛以及對家事的操心，轉而一心憶佛、念佛，這樣臨終阿彌陀佛來接引的時候，才能了無牽掛的往生極樂世界。

聽了我的勸解，母親露出寬慰的神情嘆道：「是啊，我就是放不下這些。」

過了半晌，母親毅然說道：「不過你講的沒錯，我是應該要放下。好，說放就放！從今以後，不再操心這些事了。」

聞言，我欣喜萬分：「母親一輩子牽掛家庭及孩子，能下此決心，實在難能可貴。」


禪師開示

勸請老人家生前將遺囑與後事安排妥當，是非常重要、也非常有益的。生前備妥遺囑，將事情交代清楚，一則可以幫助往生者臨終時心裡免於牽掛；二則可以讓生者之間免於糾紛。

死亡乃是生命的句點，唯有經歷死亡、生命才得以完整。所以，「時時可死，步步求生」，乃是菩薩對生命的看法。

該死的時候不死、乃是犯了解脫戒；因為沒有了脫生死實相、貪生怕死。

不該死的時候去死、乃是犯了菩薩戒；因為逃避了菩薩幫助眾生的責任。

就出世間意義而言，寫下遺囑其實只是把事情交代清楚而已。

就世間意義而言，寫下遺囑把事情交代清楚了，就可以落實生命、從此好好的活著；因為這樣作了之後、就填平了我們心中對死亡的黑洞。

2003.11.29 記

# 超越死亡的恐懼

母親年歲漸增、身體逐漸退化。晚間九點多，母親站在客廳看了一會兒電視，就告訴我要回房睡覺了。不料才起步、母親雙腿一軟就摔倒在地。我連忙趕上去、想把母親扶起，卻聽到母親平靜地說道：「手臂骨頭好像斷了。」

我輕輕觸摸母親的手肘，關節突出一塊，暗自希望只是脫臼、不是骨折，可惜送醫院檢查後確認右上臂肱骨脫臼加骨折。醫師說明：「關節脫臼會壓迫神經，如果壓迫時間過久，神經就會受損，因此最好立刻全身麻醉後手術，不過八十一歲老人接受全身麻醉的風險比較高，所以要有心理準備。」

既然脫臼不宜拖延，猶豫一陣子後，就決定讓母親動手術。然而全身麻醉風險比較高，應該把實際情況向母親說明清楚才妥當！於是先將自己的心定下來，而後冷靜地告訴母親：「全身麻醉有其風險，如果不幸失敗就會一睡不醒。但是先前母親身體康泰時，已經遵照母親指示將後事都安排妥當，況且我們兄弟三人都已步入中年，母親已經毋須牽掛，希望母親能放下一切，一心憶念阿彌陀佛。如果手術成功，能再續母子之緣當然最好；如果不幸手術失敗，那就請母親一心憶念阿彌陀佛、往生西方極樂世界。」

聽完說明，母親平靜而有力地回答一聲：「好！」

聞言，我寬心了：「母親薰修佛法十年後，終能超越死亡的恐懼、決斷往生西方極樂世界。」

手術進行得相當順利，兩小時後母親安然被送出開刀房；於是先前的準備與對話，宛然成了母親「面對死亡的真實考驗」。


禪師開示

對老人家來說，這個經驗很好，因為這表示老人家未來在臨終時，有能力放捨其他的一切，決斷往生西方極樂世界，這樣就可以解脫生死了。尤其這影響還不止於這一世，甚至還會影響到爾後的生生世世（當然對於我們這些年輕修行人而言，這是不夠的，我們還需要更進一步的努力）。現在老人家既然還有機會在此娑婆世界生活，爾後就要繼續加強這種臨終決斷的能力，更鞏固未來往生西方的機會。

所以，協助老人家生前妥當安排遺囑與後事，是非常重要、也非常有益的。因為，預先將這些事情安排妥當，老人家臨終時牽掛的事情就少了、需要選擇的事情也少了，這樣就比較容易決斷、抉擇往生西方極樂世界。

2004.01.26 記

# 加護病房內的修行

半夜三點半，母親的看護前來告知：「母親嘔吐了！」，我連忙前去探視，雖然不太尋常，但只能先觀察；凌晨五點半，母親再次嘔吐，這下確定有問題，連忙叫救護車送醫院。

在急診處等待檢查時，眼看著母親逐漸失去意識、最後終於陷入昏迷。

早晨十一點半，X光電腦斷層照相確認母親右後腦顱內大量出血，溢血範圍達到七公分、是少見的大出血。連忙邀請長期診治母親的權威腦神經內科教授會同主治醫師診斷，確認母親是「出血性中風」，所以不能動手術、只能使用藥物減輕腦壓、避免腦組織受損。

不幸中的大幸是──母親時年八十二歲，腦部組織已然老化萎縮，以致於腦組織與腦殼之間產生不小的空隙，剛好容納這次大量的出血，生命中樞腦幹才沒有立即受到壓迫，暫時還能維持心跳呼吸。但是出血必須逐漸停止，母親才有機會存活。

晚間十點，母親終於從急診處轉進加護病房。

第二天

上午十點半進加護病房探視。

護士告知，母親的意識指數只有七分（正常人意識清醒是十五分）。

我試著叫喚母親、沒有任何反應，每分鐘心跳速率高達一〇七次。

於是，我在母親耳邊輕聲勸請：「如果治療有效，就繼續在娑婆世界修行，如果軀殼不堪再用，那就請母親往生極樂世界。現在請母親放下一切煩惱與牽掛，請阿彌陀佛在心中安住，然後跟著我的念佛聲、一心憶念阿彌陀佛。」

接著，我就在病床邊沉穩地念誦佛號引領母親。唸著、唸著，床頭的生理監測數據開始變動了，母親的心跳速率從每分鐘一〇七次逐漸下降一〇七、一〇六……九五、九四、九三、九二，最後穩定在每分鐘九十二次。

見到這情況，我深感欣慰——母親已經聽到我的勸請了，她的心平靜了、心跳速率也跟著下降了；母親平日的努力修持畢竟功不唐捐，因而在此艱困時刻，能順應我的勸請、一心憶念阿彌陀佛，讓心平靜，心跳速率下降即是明證。由此可知「雖然母親陷入昏迷，無法開口回答我的叫喚，但是她的聽覺還在、她的心是清楚的。」

第三天

主治醫師為母親作完血管攝影檢查後，確認右後腦動脈、中腦動脈栓塞導致大量出血。普通一條動脈栓塞出血已經算是嚴重，母親兩條動脈栓塞大出血更是嚴重，估計醒來的機會不大，最佳癒後狀況是類似植物人，等而下之。如果出血壓迫到生命中樞腦幹，就會影響呼吸、心跳，屆時可能需要實施「氣管內插管」協助病人呼吸、注射強心劑規律病人心跳，甚至可能需要實施體外心臟按摩、乃至電擊等手段，來幫助病人存活。

醫師述說的急救措施，我大多瞭解，可是「氣管內插管」的意涵與效應卻令我茫然，經過多方請教後方才明白：「對於年輕急症患者實施氣管內插管，幫助患者呼吸，等病情好轉就可以拔管；但是對老年患者而言，往往是插管後病情持續惡化，甚至全身器官都不能用了，只要心臟還在跳就不能拔管，於是患者被迫痛苦地苟活，卻無法自然往生。想要改變這種尷尬的困境，只有將患者接回家，由家人親自動手拔管，才能讓患者自然往生。」

於是我靜心思惟：「母親先前身心康泰時曾經立下遺囑明確指示：『臨終病危時不作無謂的急救，以免徒增痛苦』。考慮母親當下的身體狀況，氣管內插管並沒有實際的益處，不符合母親的指示。」

經與家人討論後，一致同意：「病危時放棄施行心肺復甦術」

253

（包括氣管內插管、體外心臟按摩、急救藥物注射、心臟電擊、人工呼吸等等），就讓母親隨緣存活或往生。

晚間進加護病房探視母親時，再次勸請：「請母親放下一切煩惱與牽掛，如果治療有效，就繼續在娑婆世界修行，如果軀殼不堪再用，就往生極樂世界去修行。只要心中清淨，心就是佛，自身就是阿彌陀佛，而且現前每一個人都是阿彌陀佛，現前這世界就是極樂淨土。至於身體上的病痛，就坦然受之、隨緣消業障；只要這樣觀想、心中的『苦受』就能沉澱、心就能清淨。既然母親的兒子我曾經有過這樣的覺受，相信母親也能做到。」

聽了我的勸請，母親床頭監測儀表的心跳數開始下降了。看來這樣的勸請是有效的，於是進一步使用洪老師傳授的方法──「觀想母親就是阿彌陀佛，現前就是極樂淨土」。

觀著、觀著，心眼看到母親欣喜的面容，接著我心中也生起了淡淡的喜悅──嗯，看來這樣的觀想是有效的。


## 第四天

進加護病房探視母親時，得知母親的病情：「略微發燒，心律有些不整、心臟亂跳、忽快忽慢、高達每分鐘一五○次，經注射藥劑後，穩定在每分鐘九十四次。」

我循例勸請母親憶佛、念佛；接著又依照洪老師指示的方法，「觀想母親就是阿彌陀佛，現前就是極樂淨土」。

觀著、觀著，心眼看到母親欣喜的面容、而後母親全身現起光明，光明照耀到我，相形之下我反成為這光明中的一團黑暗。

「我變成一團黑暗」──這顯然不如法！

於是，我就觀想法界一如、平等平等。

接著，自身這一團黑暗消失、與面前的母親光明混融為一。

稍後，床頭監視儀表顯示的心跳速率再次降低，由每分鐘九十四降為九十二次。

由此看來，「勸母親念佛」、「觀想母親是阿彌陀佛」的效果，確實可以跟藥物相輔相成。


第五天

早晨進加護病房探視母親，循例勸請母親憶佛念佛，心跳次數由一一二次降至一〇八次。

晚間進加護病房探視母親，循例勸請母親憶佛念佛，心跳數值同樣降低了四下。

第十一天

雖然母親的意識依舊昏迷，但心跳已經穩定，終於可以轉入普通病房了。

當初腦溢血中風時，嘔吐物吸入氣管造成的「吸入性肺炎」依然嚴重，發燒、濃痰很多，必須以藥物化痰、並不時抽痰，才能維持呼吸道的通暢。

第十九天

吸入性肺炎症狀依然嚴重；發燒、濃痰很多，必須以藥物化痰，但是已經有力氣自己咳嗽，只要白天抽痰一次就可以了。

第卅五天

雖然意識還沒有恢復，但心跳、血壓、體溫都已穩定，母親終於可以回家了。

*禪師開示*
*把這真實的過程、如實地呈現出來，很好。*

2005.04.12 記

# 勸請親人捨報的時機

母親出血性腦中風住院治療卅五天後，終於回家了。雖然心跳、血壓、體溫穩定，但意識還沒有恢復。因為腦動脈出血造成腦組織嚴重受損，生理機能隨之受到影響。表現出來的就是——每日昏睡時間長達廿小時以上，張開眼睛的時間短短二到三個小時；冬天只能蓋一條薄薄的床單，否則就熱得流汗；腸道蠕動不佳、排便困難，藥物療效不佳，母親經常因便祕難過得呻吟不已。

雖然四處尋覓解藥，希望能解除母親便祕的痛苦，但試用的結果往往都是失敗。闖過生死關的母親，回家後活得十分艱難。每天聽著老人家病榻呻吟，我又無能為力，心中也備感煎熬。

一日，醫術精良的好友前來探視，仔細把脈看診後嘆道：「令堂身體十分虛弱，腸道蠕動無力，未來有腸阻塞之虞；一旦腸阻塞，患者會疼痛、昏迷而往生。令堂目前其實相當痛苦，家人不妨考慮勸請老人家早日捨報、少受一些活罪。」。

好友的建議聽似有理，但心中卻直覺不妥，至於什麼不妥我又想不出個道理。茲事體大，只好請教洪老師了。

聽了我的陳述，洪老師神情嚴肅地開示如下的道理——

依照佛法，「勸母親捨報」這句話，不是現在該講的！必須在「因緣成熟現起」時，才可以勸請母親放下、不執著，不是現在「因緣未熟之際」講的！

病痛乃是「業報的現前」與「消業的過程」，所以當下應該要勸請母親「看清楚病痛、忍耐病痛」，這是母親當下的修行功課，也是訓練母親心力的過程。

至於將來，無論是否真的發生腸阻塞，無論是否開刀治療，臨終導引的方法都是同樣的乙套；到時候，無論母親的意識是否昏迷，都要認定「她的心是很清明的」，而我們是對一個「很清明的心」在講法；

首先，勸母親放下；其次，勸母親一心念佛。

聽了洪老師的開示，我茅塞頓開：「必須在因緣成熟現起時，才能勸請病苦的親人捨報；現在因緣尚未成熟，還不能這麼做。」

於是，我如教奉行。

2005.09.11 記

## 後記

之後，母親在病榻上又度過十四年半、也修行了十四年半，期間經歷了各種不同老化症狀的折磨。在我勸請下，母親終能隨緣面對病痛、學習著「看清楚病痛、忍耐病痛」，過程當然十分曲折艱難，然而母親在此過程中隨緣消弭了諸多業障，最終以九十六歲耆壽捨報往生。

2020.02.10 記

# 觀想結石是佛

母親大腸老化、蠕動無力，近日排便又發生困難，疑似大腸內有乾大便障礙排便，送醫檢查後主治醫師告知：「外科醫師不敢使用大腸鏡侵入性治療，因為八十八歲老人的腸壁很薄，大腸鏡很容易戳破腸壁；至於內科能使用的各種瀉藥劑量早已超過上限，因此醫師已經無法可施了。」

醫師宣告束手，這種情況如果繼續發展下去，大腸內的乾大便會越來越乾硬，變成像石頭一樣的糞石，障礙排便的情況會更嚴重，如果糞便在大腸內不斷累積、到最後就是腸阻塞、昏迷往生。

既然已無它法，只好祈請佛菩薩加持化解、顯現奇蹟，否則母親大概率沒救了。於是每天通勤時在交通車上先持誦藥師咒、繼而觀想佛菩薩慈悲加持、把母親大腸裡面的乾糞石碎裂成小顆粒、自然排出。

觀著、觀著，忽然憶起《法華經》「唯一佛乘」、「一切眾生都是佛」的道理；是啊！一切眾生都是佛！於是立刻轉念：「一切眾生都是佛」！

下一剎那，心眼看到大腸中的乾糞石轉變成為一尊佛、繼而

碎裂成無數小佛、不再障礙排便；整個大腸也化現為一尊佛、金光閃耀。相應地，我的身心頓感舒暢。

三週後，母親的排便開始有了驚人的變化——
第一天排出半顆花生大小的糞石及許多砂粒狀糞石；
第三天排出許多砂粒狀糞石；
第四天排出半顆花生大小的糞石及許多砂粒狀糞石；
第五天排出許多四分之一米粒大的糞石；
第十一天排出少量砂粒狀糞石。

看到堅硬的糞石陸續排出，又帶母親去醫院照 X 光，發現大腸尾端「降結腸」的位置有糞石阻礙排便。然而二個月前檢查時，這個位置沒有任何糞石，現在看到的糞石顯然是從更前端的大腸深處向外移動而來。以母親大腸蠕動能力的退化程度，能將糞石外移、並逐漸碎裂為小顆粒甚至砂粒排出，真是奇蹟。

然而後續的變化就更令人驚喜了——
第十四天開始，連著數日都排出少量細砂粒狀糞石；
第廿四天，排出四分之一花生大小的糞石及許多粗砂粒狀糞石；
第廿七天，排出如四分之一花生大小的糞石八顆；
第五十三天，排出許多黃豆粒大小的乾糞石；
第五十六天，排出一八〇公克米粒大小、壓不碎的硬糞石；
第五十七天，排便終於完全順暢了。

把上述這一連串不可思議的變化說成奇蹟，一點也不誇張。

因為就在二年前，母親也曾因嚴重便祕住院治療七十六天都不見效，醫生宣稱是大腸自然老化、無法醫治，並直白的要求我帶母親出院回家等死。當時經我亟力爭取、用大腸鏡深入檢查後，終於發現真正的原因是大腸前端昇結腸部位有乾大便阻礙排便，用大腸鏡把乾大便清洗出來後，又治療了一百四十二天，母親終於恢復正常排便，前後歷時二百一十八天。

這次，沒有使用大腸鏡清洗，從第廿一天開始，糞石竟然碎裂成半顆花生、黃豆、米粒乃至砂粒大小的顆粒陸續排出，前後歷時七十八天母親就恢復正常排便了。

把這兩次經驗作個比對，這次只能說是佛菩薩加持下的奇蹟，因為我實在找不到其他更合理的說詞了。衷心感恩佛菩薩加持，讓母親度過生死難關，謹此為記。


禪師開示
這篇紀錄的題目就發人深省了。

這個世間充斥了很多假東西，如實地把上述事實紀錄下來、講給世間人聽，這是一件好事，世間人需要聽一些真話。

2011.09.08 記

# 自心安、才能安外境

二〇〇五年，母親嚴重腦中風、無法正常吞嚥，於是插了鼻胃管；二〇〇六年，母親排尿功能衰退、無力自行排尿，於是插了導尿管；接著，母親大腸老化、排便困難；縱然使用瀉藥幫忙，還是經常無法排便，以致於經常肚子疼痛呻吟終夜；中風摧毀了大腦的語言與視覺中樞，母親看不見、也無法言語；中風摧毀了運動能力，母親只能躺在床上、坐在輪椅上。

中風後的母親活得相當艱苦，可所有的苦又都說不出來，充其量只能咿咿啊啊，於是母親經常苦著一張臉。

身體老化、機能衰退、醫藥無功，為人子的看了心痛、卻完全無能為力。禪師開示的「修心法門」，就成了當下僅有的手段。於是看到母親臉上現起痛苦時，我就開始勸慰母親。

一是勸母親如實面對、隨緣接納病痛，因為病痛乃是業報的現前，隨緣接納病痛就是隨緣消業障。

二是勸母親定下心來，忍耐病痛、看著病痛；身體痛、心不要跟著苦。並引用洪老師車禍受傷時的「痛樂哲學」以及我自己「如實接納身體不適」的經驗，鼓勵母親順應、接納病

痛的不適。

三是勸母親躺在病床依然可以念佛、憶佛、修心；不是只有去廟裡參加法會才算修行，在床上修心就是修行。

對於我的勸慰，母親的反應十分強烈，雖然無法言語，母親還剩一個絕招，就是閉唇用力噴口沫、濺我一臉，再配合滿臉的怒容，充分表達了她的憤怒。母親的心思不難想像：「承受病苦的人是我，你幫不上忙也就罷了，居然還要對我唱這些高調，真是可惡！」

面對母親的憤怒，我只能陪著笑臉、耐心哄著、安撫著。這樣日復一日，慢慢地母親的抗議漸趨緩和，我的勸慰漸漸發生效果，偶爾母親的苦瓜臉轉為平靜了。接著，我會播放念佛錄音讓母親聆聽、跟著默唸，或是播放洪老師的「放鬆禪法」錄音，引導母親跟著放鬆身心，聽著、聽著，母親的面容常常就此轉為平靜而入睡。

臥床前幾年，每天兩次扶母親下床坐輪椅。臥床第六年，有次扶母親起床時，右手臂喀嚓一聲、骨折了。原來臥床日久，骨質嚴重疏鬆，承受不了大力抱起就斷了。唯恐再次骨折，不敢再抱母親起床。於是床舖成了母親唯一的天地，「左側臥、右側臥、仰天平躺」是母親僅有的三種姿勢。長年下來，身體不適越來越嚴重，母親的苦瓜臉更苦、更持久了。看著母親的苦瓜臉，我的心跟著糾結；雖然還是一樣用「修心法門」勸慰母親，但這時所有的方法都失效了。

面對這種困境、我也束手無策，心中越發地糾結。過了好些日子，我才終於警覺到癥結所在了──「心口不一」。

原來，看到母親越來越苦、我的心也跟著越發糾結；既然「自心不安」，所有的言說都成了虛言、空話，自然不具說服力，無法安撫母親也是必然。

於是，我立刻收攝自己的心，讓自心「如實面對、如實接納」母親當下的困境。

接著，我的心安定了。

而後，我伸出右手掌放在母親胸口、輕輕安撫，一邊觀想光明從我的手心透入母親身體，一邊口述禪師的「修心法門」。

如是運作了幾分鐘，母親的面容平和了、安靜入睡了。

由此，我深切體會：「自心安、才能安外境！」


禪師開示
這是你的度眾方便。

2012.07.07 記

267

# 守護母親往生

往生者臨終時無論是否昏迷，臨終導引的方法都是同樣的
——當下都要認定「他的心是很清明的」，而我們是對一個
「很清明的心在講法」。首先，勸他放下；其次，勸他一心念
佛。簡中的道理，說明如次：依佛法，我們的肉身是爲「化
身」、意識是爲「報身」、我們的心則是「法身」；化身與
報身都是因緣所成的，肉身與意識這兩者如果可以用，當然
很好；肉身與意識如果已經不能用了，也沒有關係（其實臨
終時能有幾個人是不昏迷的？不昏迷只是少數的特例）。所
以我們都要認爲「他的心是清明的、他認知的心很清楚」，
以這樣的態度來超渡他。

——洪啓嵩禪師開示

母親臥床多年後，肺部反覆發炎，九十六歲時終因心肺衰竭
而往生。

把備妥的舍利子等加持聖物給予母親後，就依照洪老師開示
的原則「認定母親的心是很清明的，我是對一個很清明的心
在講法」，導引母親神識前往彌陀淨土，唸誦洪老師的〈臨
終光明導引〉幫助母親現生極樂世界，而後就持續助念佛號，
滿了八小時之後，移靈殯儀館。

**母親往生後第五天。**

前往聆聽洪啟嵩老師講授《大日經》。坐在捷運上觀想「對身空中，母親的光明身坐在蓮花台上」，感覺母親滿臉喜悅。繼而想到：「母親已然解脫病痛糾纏，又享耆壽九十六載，其實我是在為母親辦『喜喪』哪！」

下一剎那，對身空中母親光明身忽然進入我的身體，與我合而為一，接著感覺整個身心乃至周遭一片寧靜、且是異常的寧靜，這種感覺很特別，有些類似多年前的一次經驗——那次靜坐時，洪老師的身影突然出現在我面前、繼而與我混融為一，那個混合體的面容漂亮得出奇。這次有些不同，母親與我合一後，這個混合體的身心以及週遭異常寧靜。

禪師開示
很好，這樣以後你多了一個護持者。爾後可以請母親一同來上課。


**母親往生後第十三天。**

舉辦告別式，多位同修慈悲前來為母親唸誦〈臨終光明導引〉，幫助母親往生極樂。

我一邊唸誦、一邊觀想：「對身空中，母親光明身坐在蓮花台上」。

接著觀想「阿彌陀佛無量光照耀在母親身上」；於是，母親的光明身越發熾亮；

接著以心念告知母親：「佛與眾生無二無別，佛的無量光與母親的光明身無異」。立刻，我心眼看到「母親的光明與佛的光明混融為一了。」

告別式結束，遺體移送火化。

九十分鐘後，母親的骨灰盛在不鏽鋼盤送了出來，我仔細觀察，除了頭蓋骨等幾塊骨頭比較大，其餘的骨頭大多燒成了碎片，有些碎片上還帶著顏色，有淡粉紅的、淡咖啡的等等。但是其中有一個乒乓球狀的骨頭特別醒目，它通體渾圓、色澤淺灰、極似一顆灰色的乒乓球，我試著用夾子去夾，感覺很硬——能燒成這樣渾圓的球體，實在很特別。

禪師開示
很好，乒乓球狀的骨頭應該就是舍利了。


**母親往生後第十八天。**

凌晨五點醒來、還躺在床上，首先觀想「我與佛無二無別」，於是自現無量光。

接著觀想「對身空中，母親光明身坐蓮花台」；
然後觀想「母親的光明身與佛無二無別，也轉成了無量光」；

接著觀想「我自身的無量光與母親的無量光,兩者無二無別」;

下一剎那,兩者混融為一了。

接著再觀想「周遭環境也是無量光,與母親的無量光、我的無量光無二無別」;

下一剎那,三者整個混融為一了。

禪師開示

很好,就這樣子。

2019.03.08 記


後記

既蒙禪師慈悲開示:「爾後可以請母親一同來上課」,嗣後每逢禪師講課,我都會在母親牌位前、稟請母親一道前來聆聽佛法,每一次我都能感應到母親欣然接受、隨我同來。下了課回到家,我再稟請母親回歸極樂世界、繼續跟著阿彌陀佛修行,每一次我也都能感應到母親欣然回歸。就這樣,一次又一次,母子倆繼續在法界中一同學習佛法、增長慧命。

2022.08.10 記

# 十二光佛濟先靈

二〇〇九年首次回大陸老家浙江寧波探親、祭祖。

返鄉後，得知邵氏祖墳已經在歷次政治動亂中被毀壞拆除，祖先的遺骨不知所向；邵氏宗祠因寧波大力開發工業區被拆除，祖先牌位不知所向；老家祖厝年久失修頹相畢露，但猶有邵氏先靈寄寓祖厝內、未得解脫。

寧波境內的千年古剎阿育王寺、供有釋迦牟尼佛舍利，於是就在寺裡為邵氏先靈安立了牌位，祈願佛光注照、護佑邵氏先靈早日離苦得樂。同時我也當場立下心願在返回台灣後，繼續為祖先辦理超薦法事、略盡子孫孝道。

返台後，中秋節循例祭祖。過去一向依照父母傳下的慣例，祭拜曾祖父母以降的直系長輩，但是這次祭祖我改變為遙請寧波老家祖厝內所有邵氏先靈一同前來受供，共沾佛恩。

祭祖前先以月餅供養諸佛菩薩護法，祈請諸尊慈悲護佑前來受供的邵氏先靈離苦得樂、往生極樂。而後開始祭祖，當儀式進行到一個階段後，我就端坐一旁持誦阿彌陀佛名號，以念佛功德迴向邵氏先靈。

唸著、唸著，我隱約感覺許多邵氏先靈前來、黑壓壓地群聚在小小的廳堂，最後甚至凝聚成一尊三公尺高、暗黑色的巨人，冷冷看著我這後生小子。

嗯、邵氏先靈果然尚未離苦，我念佛迴向的功力看來不太濟事，心中頓然承受了莫大的壓力，要如何幫助邵氏先靈呢？

突然靈光一閃：「何不觀想他們是十二光佛？」

於是立即起觀，把邵氏先靈觀想成十二光佛。

觀著、觀著，面前的巨人逐漸變成十二光佛的樣子，暗黑色的身軀逐漸亮了起來、繼而轉成淡淡的金黃色。巨人看到自己身上的變化時又驚又喜；而我心中也相應生起了歡喜。

嗯、後生小子終於稍稍孝敬了邵氏眾先靈，感恩諸佛菩薩的慈悲加持與護佑！

2010.09.22 記

# 不可思議的祖靈會

一向以為我的老家是浙江寧波，但是偶然看到《寧波縣誌》記載，我家先祖乃是南宋時因為逃避戰亂、才從山東福山縣遷徙至浙江寧波，因此更早的老家實為山東福山。之後對山東福山就有了一份特別的思念之情，雖然從未去過。

二〇一九年二月慈母往生，辦完後事、心中已無牽掛，於是飛往山東福山尋根。先是跟著旅行團在山東各地周遊了一圈，最後一站到達煙台市。當年的福山縣如今已經成為煙台市轄下的福山區。

想在樓宇密集的市區中、尋找千年以前南宋時期的邵家先靈，不啻異想天開，但心中就是叨念著為先祖盡點孝心。

洪老師修盂蘭盆息法火供灰的加持力量很大，如果搭計程車在市區繞行、沿路灑佈火供灰，讓灰隨風四處飄散，隨緣加持當地所有眾生乃至邵家先靈，應該是個不錯的點子。只不過千年以前的邵家先靈還會在當地嗎？對此我的心中完全沒有底，然而試試又何妨、求個盡心吧。

於是到達旅館安頓後，就雇了計程車載我前往福山區繞行。手拿著裝滿火供灰的罐子，伸到車窗外沿路撒佈，火供灰隨

風四散、隨緣加持當地有緣的亡靈，心中一邊觀想阿彌陀佛無量光籠罩整個福山區、加持當地每一位眾生與亡靈，讓他們都光明如佛無異。車子平順地繞行市區，一路無事，直到行經某個地點時，心頭突然動了一下，我直覺認知：「這應該是與邵家先靈相應所致，該地應該就是邵家先靈的居處了。」——嗯！看來撒火供灰加持先靈確實有點作用。

車子繼續繞行，最後跑遍整個福山區、全區都撒佈了火供灰，計畫順利完成，我歡喜地驅車回旅館休息。

晚間入睡後作了一個奇特的夢。夢中現起一位相貌堂堂、神態威嚴的長者，他靜靜看著我，眼神中既溫和宛如遠房長輩、又有著不知道我在幹啥的疑惑。

我心中立刻直覺知道：「這位長者應該就是邵家先祖的神靈了。」

於是，夢中的我立刻起觀：「阿彌陀佛無量光照耀著眼前的長者。」

過了片刻，長者的身體化為光明身了。

於是，我又觀想：「佛與眾生平等平等、無二無別，因此長者與佛無二無別。」

觀想片刻後，長者的身影消失了，看來是得到阿彌陀佛的加持與超渡了。

藉著撒佈火供灰的因緣，千年以前的邵家先靈竟然現身相會，讓我隨緣孝敬，這場不可思議的緣會，真真令我喜出望外，謹此為記。

2019.09.01 記

# 守護張伯往生

好友的尊翁張伯往生了，聽到消息，立刻趕去助念。

原來半夜裡，張伯肺動脈腫瘤突然破裂、吐出大量鮮血，臥房牆面與地上都是殷紅的鮮血，張伯的面容滿是驚恐、嘴巴跟眼睛都張得大大的，想來張伯是被這突發狀況驚嚇到了。

好友以手輕拂張伯的眼睛、張伯闔眼了；好友試圖用手合攏張伯嘴巴、卻失敗了，無論怎麼用力推，張伯的下巴始終合不攏。無奈只好為張伯蓋上被單，專心為張伯助念阿彌陀佛佛號。

助念了八小時後，準備移靈殯儀館。好友掀開被單，看到張伯的面容平和多了，原先合不攏的嘴巴、居然自動合攏了。啊！為亡者助念佛號果真功不唐捐。

到了殯儀館，冷藏庫都已客滿，因為適逢旺日，於是只好暫時停靈在走廊，我陪著好友繼續為張伯助念。一邊念誦佛號、一邊觀想阿彌陀佛慈悲加持張伯。觀著、觀著，心眼之前出現一系列山峰，在山峰間還現起一尊半身佛像、高與山齊；這種型態的佛像是我從未見過的，先前只見過或站或坐的佛像，就是沒見過只有上半身的。雖然心中訝異，但我還是繼

續專心持誦佛號。

唸著、唸著，另一床遺體從走廊那頭移了過來，看到亡者身上的的大片刺青，想來對方可能是黑道兄弟；但是我本於悲憫還是隨緣為他助念，並觀想阿彌陀佛慈悲加持亡者，觀著、觀著，不料眼前居然現起漫天黑霧，看來亡者並不領情，我連忙中止觀想。

幾天後，張伯出殯火化了。我陪同好友護送張伯骨灰罈回南部老家的靈骨塔奉安，兩人一路專心念誦「六字大明咒」、祈請觀世音菩薩慈悲加持張伯往生極樂世界。唸了約一小時後，突然聽見從我體內發出好幾個念咒的聲音。這情況實在很怪異，我立刻睜開眼睛看個究竟，咦——那些聲音真的是從我身體裡面冒出來的——「難道是我的幻覺?!」我立刻詢問身旁的好友。

好友說：「他也聽見了，他也覺得奇怪，為什麼從我身體裡面發出好幾個念咒的聲音。」

因為兩個人都清清楚楚聽見這聲音，可以確定這不是幻覺；然而兩個人都不曾遇過這種事，所以都感覺很困惑，不知道這是怎麼回事，請教禪師後，方才明白箇中原委。


禪師開示
為亡者助念、觀想超渡，確實功不唐捐。但是遇到類似黑道

的亡者，他們的因緣與一般人不一樣，不要隨便幫他們觀想超渡。

你看到「現身在山峰間的半身佛像、高與山齊」，日本就有這樣的一幅半山佛像；因為你事先完全不知道，足以證明那景像不是你「想像」出來的。

至於「從你身體裡面發出好幾個念咒的聲音」，其實並不奇怪，佛經有「體內諸蟲」的記載——我們的身體同時存在著很多生命體，他們發出念誦六字大明咒的聲音是很自然的；只因你們的「我執」，以為這個身體就是「我」、以為「只有我這獨一的生命」，所以才會困惑。

2021.12.25 記

# 尾聲

## 幻滅非滅

文稿送達編輯部，一向聰慧的美編卻犯了難，她苦於無法想像「自我幻滅」是啥狀況，因而遲遲無法醞釀出相應的意象與設計方案。

於是，編輯部邀請筆者與美編對談、為她釋疑。

因為美編需要一個意象才好設計，於是我舉了一個不精準、但非常具象的例子來說明「自我的幻滅」。

聽完我的解說，美編眉開眼笑，她終於可以開始設計了。

美編的疑惑很可能不是孤例，或許還有其他讀者也有類似的疑惑，爰此特別摘錄對談內容如下，謹供參考。

問：「『自我的幻滅』究竟是怎麼回事？」

答：「一般所說的『滅』、意思就是『死了』；但『幻滅』不一樣。譬如製作巧克力蛋糕時，可可粉是主要成分之一，如果把可可粉扣下、不加進去，最終出現的一定不會是巧克力蛋糕、只會是海綿蛋糕；必須把可可粉加進去，才會出現巧克力蛋糕。『自我的幻滅』就類似這樣。」

「自我的幻滅與重生」是一次特別的經驗。那次上課，蒙洪啟嵩禪師開示：「一般的修法是『觀想我是本尊』，我介紹大

家一個更直接、更究竟的方法『我是本尊』——雖然體性寂滅，但是為了因應因緣上的需要，可以現起本尊：無論我是釋迦牟尼佛、觀世音菩薩、不動明王都可以，但依個人因緣，想要是什麼本尊、就是什麼本尊，因為萬物都與空性相契！」

禪師的話語字字清楚，箇中情境我卻完全無法想像，最後只好把疑惑悶在心裡帶回家。

次日清晨，一覺睡醒、睜開眼睛、還平躺在床上，全身上下第一個感覺就是：「咦——我本來就是不動明王嘛！」

這種感覺很怪異，既然「我本來就是不動明王」，那麼平素習慣的「自我、邵某」又去了哪裡？

仔細觀察後發現——原來「自我、邵某」乃是在「本來就是不動明王的我」之上，另外添加了一些情緒、觀念等等素材聚合而成；然而此刻那些素材都沉澱了、沒有現起；既然少了那些基本素材，「自我、邵某」就「無由生起」；所以那個當下是「自我、邵某沒有現起」、不是「自我、邵某被消滅」；這情況一如做蛋糕時不加入可可粉，就不會現起巧克力蛋糕。

這下，我知道了：「原來『自我是虛幻的』。」只要我不去

攪和，讓那些「情緒、觀念等等素材」沉澱、不現起，就能展現出佛菩薩的狀態（譬如「不動明王」）。

然而，我沒有能力長時間處於這種狀態。遇到事情時，心中就會緊張、想要自保；心中這麼一攪和，上述那些「情緒、觀念等等素材」就會浮現、摻和進來，於是「自我、邵某」就又重現江湖了。

那麼這兩種狀態有什麼差異呢？

展現佛菩薩狀態時，比較沉穩、安定、有力、比較有智慧、能更清楚觀照當下因緣變化、更能隨順因緣應對、善巧處理事情，因此活得比較輕鬆。

展現「自我、邵某」狀態時，比較容易心慌、緊張、不安、比較沒有智慧、比較沒有能力看清事情、比較無法善巧處理事情，因此活得比較累。

有過這樣的體驗之後，我就試著儘量不去攪和，儘可能多些時間不現起「自我、邵某」、儘可能多些時間「展現出佛菩薩的狀態」；而古德的那一句「道不用修，但莫污染」，就

在此成了最、最、最貼切的註腳。


# 奇妙的封面設計

美編努力奮鬥了兩週後，終於讓筆者欣賞她的設計。目睹封面的當下，筆者簡直驚呆了；因為封面插畫竟然很具象地描繪了筆者最近一次修習「大悲如幻」的覺受。

那次修習時，先後現起三種覺受、依序如下：

第一階段，在身前現起光明。

第二階段，破除前境後，全身大放光明。

第三階段，再除前境後，胸腹中現起白色、半透明、盤坐、虛凝、宛如嬰兒之物。（詳〈大悲如幻三昧修學記〉一文）

美編借用洪禪師的繪畫作為設計主體；畫中的人形雖具形象、卻不堅實，一如我修習一切放下後的覺受；人形中央的留白則神似第三階段現起宛如嬰兒之物。這個設計奇妙地展現了我的修習覺受、為本書創造出絕妙的視覺效果。

**2022.11.08 記**

# 延伸閱讀

01. 永嘉玄覺〈奢摩他頌〉
收錄於釋聖嚴編著之《禪門修證指要》（法鼓全集第四輯第一冊）
法鼓文化出版

02. 《碧巖錄》南宋圜悟克勤禪師編輯之禪宗語錄

03. 《禪宗奇才的千古絕唱—永嘉禪師的頓悟》
禪生活系列／洪啟嵩著／全佛文化出版

04. 《三三昧禪觀—證入空、無相、無願，三解脫門的禪法》
高階禪觀系列／洪啟嵩著／全佛文化出版

05. 《大悲如幻三昧禪觀—大悲示現菩薩如幻妙行的禪法》
高階禪觀系列／洪啟嵩著／全佛文化出版

06. 《喝茶解禪》 洪啟嵩著／麥田出版

07. 《送你一首渡河的歌》洪啟嵩著／網路與書出版

08. 《蓮師大圓滿教授講記—藏密寧瑪派最高解脫法門》
密乘寶海系列／洪啟嵩著／全佛文化出版

09. 《月輪觀・阿字觀—密教觀想法的重要基礎》
密乘寶海系列／洪啟嵩著／全佛文化出版

10. 《現觀中脈實相成就—開啟中脈實修秘法》
密乘寶海系列／洪啟嵩著／全佛文化出版

11. 《不動明王—除障護佑行法》
心靈活泉系列／洪啟嵩著／全佛文化出版

One's
practice notes
一個人的修行筆記 02　　自我的幻滅與重生

作　　　者　邵家康

發 行 人　龔玲慧

主　　編　彭婉甄

編　　輯　莊慕嫻、劉詠沛

美 術 編 輯　張育甄

封 面 原 畫　洪啟嵩

出　　版　全佛文化事業有限公司　http://www.buddhall.com

　　　　　訂購專線：(02)2913-2199　傳真專線：(02)2913-3693

　　　　　匯款帳號：3199717004240 合作金庫銀行大坪林分行

　　　　　　戶名／全佛文化事業有限公司

　　　　　E-mail:buddhall@ms7.hinet.net

　　　　　全佛門市：覺性會舘・心茶堂／新北市新店區民權路 88-3 號 8 樓

　　　　　門市專線：(02)2219-8189

行 銷 代 理　紅螞蟻圖書有限公司

　　　　　台北市內湖區舊宗路二段 121 巷 19 號（紅螞蟻資訊大樓）

　　　　　電話：(02)2795-3656　　傳真：(02)2795-4100

出 版 日 期　2022 年 12 月

定　　價　新台幣 350 元

ISBN 978-626-95127-4-4（平裝）

國家圖書館出版品預行編目 (CIP) 資料

自我的幻滅與重生：一個人的修行筆記 = One's
practice notes / 邵家康著 . -- 初版 . -- 新北市 :
全佛文化事業有限公司 , 2022.12
　面；　公分 . --（一個人的修行筆記；2）
ISBN 978-626-95127-4-4( 平裝 )

1.CST: 佛教修持

225.87　　　　　　　　　　　　111018954

BuddhAll

All is Buddha.

BuddhAll.

BuddhAll